設計の科学

チームづくりの数学

― ユング分析心理学とプラトニック変換 ―

Douglass J. Wilde 監修

飯野 謙次 著

養賢堂

巻 頭 言

　ドクター飯野は本書が私の監修によると持ち上げてくれるが，私がやったのは英語で書かれた部分のタイプミスを修正した程度だ．彼のすばらしい博士論文を指導した者として，彼がアメリカ式英語に堪能であり，私の研究の中で本書に取り上げた内容に関する知識を日本語に訳すことについても間違いないことは保証しよう．ただし，本書中の人物伝的背景やチームづくり以外の解説は彼個人の成果である．

　数年前，私は東京まで彼を訪ね，彼が事務局長を務めている失敗学会でおよそ80人を集めた講義を行ったことがある．このとき，チーム学 (teamology) を実証するのに聴衆を四人ずつのチームに分けた．講義は，日本語への逐次翻訳の時間を要したため2時間半もかかったが，夕食前だったにもかかわらず誰にも疲れた様子は見られなかった．飯野君の翻訳の努力は彼らの熱意の賜物だろう．

　そして2009年，私の著書 "Teamology" の出版とほぼ時を同じくして，ジェームズ・ライニアース (James Reynierse) 博士は，現行のMBTI (Myers–Briggs Type Indicator) タイプ論者による実践を根底からくつがえす論文を発表した．MBTIアンケート結果を，その基となるユング理論と対応させようとして一向にうまくいかないのを実証データと理論の矛盾を明らかにして説明したのである．この論文により，チーム学のプラトニック変換による結果のみが (アンケート結果とユング理論の) 正当な写像であることが示され，チーム学によって形成されたチームの驚くような成功の一面が説明された．人の性向を考慮したどんなチーム形成法でも，本書により明確化された性向の説明に裏打ちされている．

　続いて2011年には，続編の "Jung's Personality Theory Quantified (定量化されたユングの性向論)" が出版され，チームづくりにはあまり興味を示さない者が多いMBTIタイプ論者に正しい理論を提示することとなった．この続編は，チームよりも性向論に焦点を当てているため，チーム学実践者には理論的背景の教材となる．この続編では Teamology, Table 2.1 の JP3 の誤りが訂正されている．アメリカでは，この誤りを訂

正したアンケートが使用されている．

　スタンフォード大学で私が担当しているセミナー以外では，アメリカで現在，チーム学を実践している大学はフロリダ大学，カーネギー・メロン大学を含めて数校しかない．一方日本では，香川大学の荒川雅生教授がチーム学を実践している．彼は私の教え子，カリフォルニア大学バークレー校のアリス・アゴジーニョ (Alice Agogino) 教授のもとで 1994 年に客員研究員として学んだのだが，著名な大学が居並ぶ中，チーム学を適用した香川大学がコンテストで受賞をなし遂げた (著者注：経済産業省主催の「社会人基礎力育成グランプリ 2009」で優秀賞，決勝大会で特別奨励賞シンキング部門を受賞)．

　この事実は，アメリカで開発され，その後日本の自動車産業で広く実用化された製品品質に関してよく知られたデミングの業績を思わせる．日本から高品質の自動車がアメリカ市場に進出したとき，デトロイトはその品質保証の実際を"田口メソッド"として知られるデミング理論の日本応用形に変更することを余儀なくされたのである．飯野による本書は，同じような効果をもたらし，日本の設計チームがアメリカチームとの競争で頭角を現し，チーム学が"飯野メソッド"としてアメリカに逆輸入されることになるかもしれない．

　スタンフォード大学で教えているチーム学セミナーでは，心理機能タイプだけに注目してチームを形成すると，"役割"が一つ，二つとチームから抜け，チームとしての成績が落ちてしまうことがわかってきた．この影響を抑えるため，複雑にはなるが，心理タイプではなく，役割をベースにしたチーム形成の方法を現在研究中である．この方法でチームの構成を向上できる，できないにかかわらず，実在のチームを分析した限りにおいては心理タイプよりも役割がカバーされているかどうかに注目したほうがよい結果が出ている．

　日本のチーム学実践者諸君，本書が多くのチーム向上に寄与することを願います．

2012 年 9 月

Douglass J. Wilde

Foreword (原文)

Dr. Iino flatters me by saying that I have "supervised" this book. Mainly I corrected typographic errors in the English language portion. Having overseen his excellent doctoral dissertation, I can certify to his competence in American English and knowledge of my material related to this book that he has translated into his native Japanese. However, much of the non-mathematical parts of his book, the biographies and the speculations about non-team applications for instance, is original with him.

A few years ago I visited him in Tokyo. There in his capacity of Executive Director of the Association for the Study of Failure he had me lecture to about 80 ASF members on Teamology, during which I formed them into demonstration teams of four. Because of the extra time needed for translation from English into Japanese, two and a half hours were needed, but to my surprise nobody seemed fatigued despite the evening (pre-dinner!) hour. Their enthusiasm seems to be what has fueled Kenji's translation effort.

Then in 2009, almost concurrently with the appearance of my Teamology book, Dr. James Reynierse published a devastating critique of the current way MBTI type practitioners attempt unsuccessfully to map the questionnaire onto Jung's underlying theory, exposing unacceptable experimental and theoretical discrepancies. This left the Platonic results in Teamology as the only correct mapping, explaining in part the surprising success of teamologized teams. Clearly, any personality-based team construction method must have the sound personality descriptions provided by this book.

Subsequently in 2011 I brought out a sequel Jung's Personality Theory Quantified to bring the correct theory to the attention of MBTI type practitioners, even though few of them had any interest in teams. Because it focuses on personality theory rather than on teams, this sequel is interesting to teamologists only as theoretical background.

By the way, this book corrects the error in question JP3 of Teamology's Cognitive Mode Questionnaire (Table 2.1), giving it a slight advantage over the original. Questionnaires used currently in the USA also correct this mistake.

Aside from my seminar at Stanford, there are only a few universities, Florida and Carnegie-Mellon among them, currently using teamology in the USA. In Japan, however, Arakawa, supervised by my former student Professor Alice Agogino while he was a visiting scholar at Berkeley, has notably used teamology to bring design prizes to Kagawa University in competition with more well-known Japanese engineering schools.

This brings to mind Deming's famous work on product quality, developed originally in the USA but more widely adopted later by the Japanese automobile industry. When higher quality Japanese cars heavily penetrated the American market, Detroit was forced to update its quality assurance techniques, using a Japanese adaptation of Deming's work known as the "Taguchi Method". Because of Iino's translation, teamology will perhaps have a similar future, re-entering the USA as the "Iino method" after Japanese design teams begin to distinguish themselves in competition with American ones.

Experience in my Stanford teamology seminar has shown that using cognitive modes alone to construct teams sometimes leaves a role or two uncovered, to the detriment of team performance. To minimize this effect, more complicated construction methods based on roles rather than modes are presently being studied. Whether or not team construction can be improved in this way, the analysis of existing teams is better when roles rather than modes are examined for shortages.

Good luck, Japanese Teamologists. May this book bring you many better teams!

September, 2012

Douglass J. Wilde

はしがき

　2012年はオリンピックイヤー．日本の成績がどうなるか，新記録はいくつつくられるだろうかと，わくわく感が人々を取り巻き始めている．本書が出版されるころには，世界中が注目した祭典も終わり，翌日の通学や出勤を気にしながら，ロンドンでの競技やゲームから目が離せずに夜更かしをしていることもないだろう．オリンピックには，個人の運動能力ですべてが決まる100 m走のようなものから，シンクロナイズドスイミングのように，明らかにチームとしての技量と美を競う競技など，様々なものが用意されており，私たちを一喜一憂させてくれる．日本の男女サッカーチームの活躍もそれぞれに楽しみだ．彼女たち，そして彼たちは，確実に強いチームを形成している．

　本書を執筆するに当たり，チームとは何かと，いままでになく考えさせられた．きっかけは，ダグラスJ.ワイルド，スタンフォード大学名誉教授(いまも教鞭をとられている)のTeamologyである．このTeamologyという言葉は，ワイルドがひねり出したものだ．1989年にMBTI (Myers–Briggs Type Indicator)を学び，その定性的なルールに従って心理機能タイプを提示する同手法に定量的な評価を与えることで，もともと心理機能タイプを提唱したユングの解説に近い結果を導き出した．ワイルドは，さらにこれをチーム形成に応用し，スタンフォード大学，カリフォルニア大学サンディエゴ校，成均館大学(Sungkyunkwan University, Seoul, Korea)，上海交通大学，ミシガン大学などで，その効果が実証されている．

　これがTeamology，すなわちteamと，……に関する学問という意味の接尾語–ologyをくっつけた言葉の誕生である．日本語では，さしずめ『チームに関する学問』だろうが，昨今の"……学"という言葉の流行か

ら『チーム学』と命名してもいいだろう．

　本書は，チーム学でワイルドが展開した心理機能タイプの定量化を説明する目的で書いた．ただしワイルドの2冊の原著，"Teamology (チーム学)"と"Jung's Personality Theory Quantified (定量化されたユングの性向論)"は，ともに工学系大学生，大学院生，多少の線形代数をかじる社会人，MBTIを実践する人たちを対象に書かれたため，2次元ベクトル空間における線形写像の説明が多い．

　そこで本書では，これら著書の後半に現われる複雑な代数計算や組合せを省き，ユングの心理機能タイプを定量化するのに必要な最低限の線形代数を説明する．ワイルドは，極端な心理機能タイプを持つ人をプラトンの理想と呼び，その心理機能タイプの計算から，ここで使用する線形変換を導き出した．筆者は，この変換をプラトニック変換と呼ぶことにした．この解説は，「第5章　チームづくりの数学」に押し込めてある．数学と聞くと，それが苦手だった学生時代の経験がたまらなく嫌だったという向きはこの章を飛ばしてもよいだろう．

　「第2章　本書の背景となる情報」には，心理学の歴史について多少述べた．筆者は心理学者ではないので，その内容は心理学の歴史総説ではなく，その言葉の成り立ちから，活躍した人たちの中で特にユングの分析心理学につながる業績を残した人や，科学的手法を取り入れた人たちに焦点を当てていることをご了承いただきたい．

　第2章の最後には，自殺に関する統計について書いている．自殺者数は，いまも年間3万人を越え，大きな社会問題である．2009年以来，交通事故による死亡者が，いまや年間5000人を割っていることを考えると，自殺の問題がいかに大きいかがわかるだろう．一見，無関係なトピックのようだが，自殺は人間の心理状態に非常に影響され，ユングもその著書の中でたびたび精神疾患を解説している．チーム学は，より強いチームを構成するのが目的だが，その途中で，一人一人の構成員の心理

機能でどれが強いか，どれが弱いかを提示する．驚くなかれ，うつ病発症のきっかけは，弱い心理機能ではなく，その人が持つ強い心理機能が原因となることが多い．ここにこの統計を書いたのは，本書を通して自己の心理機能タイプと強度を知り，要注意であれば，それをまず理解していただけるかもしれないと思ったからである．もちろん，自殺の問題は複雑で多くの方が取り組んでおられ，本書の理論展開がすべてを解決しないが，一つの考え方を提起できればよい．

第3章には，ユングによる人間心理のタイプについて解説した．これは，Psychologische Typen の 10 章，11 章を和訳した『人間のタイプ』が，いまや絶版となり，ほかにこの部分を解説した書籍はあるものの，この本に立ち返ってユングの言葉をもう一度吟味したものである．

「第4章 MBTI タイプ」では，ワイルドが人間の心理タイプに興味を持つきっかけとなり，アンケートへの回答をもってその人の心理タイプを提示する手法を確立，爆発的に世に広めた MBTI について解説する．

「第6章 チームづくりの実際」では，難解なユングの言葉をわかりやすい言葉に落としたワイルドの説明を紹介し，自分たちが提示された心理機能タイプが，チームの中ではどういう意味を持つかを解説した．さらに，チームを形成するときに，メンバーを自由に選択できるときは何を目指し，すでに確立されたチームであれば，自分たちの弱点をどう見出し，何に注意すればより強いチームとなれるかを提案した．最後に，実際にチーム学を適用してみた例を二つ挙げて解説した．

ワイルドが用意した心理機能タイプ究明のアンケートは，以下ホームページで，パソコンからでも，i-mode からでもアクセスできるようにしてある．いまは，サイバー攻撃のターゲットになっていないのでパスワードもないが，いまどきの攻撃を受けたらひとたまりもない．今後パスワードを設定するかもしれないが，そのときは，user：teamology, password：CGJung12 としよう．それでも攻撃されたら，このページを運営している組織のホームページに行けばわかるようにしておく．

http://www.shippai.org/iTeam/index.php

　本書を読んで興味を持たれたら，本書内に用意したアンケートに答え，その結果とプラトニック変換を駆使して，一度自分の心理機能タイプを診断するのがよいだろう．面倒であれば，アンケートとプラトニック変換は上記ページが代わりにやってくれる．

　そしてもし，自分たちのチームがうまく機能していないと思ったら，チームメンバーの結果を合わせて，みんなで話し合うのがよいかもしれない．

　「設計の科学」シリーズ1冊目の『価値づくり設計』を世に出してから，本書2冊目『チームづくりの数学』を終えるまで4年の月日を費やしてしまった．このチームづくりの数学はシリーズ1冊目の続編ではないが，どちらもスタンフォード大学の設計グループで教鞭をとっておられる先生方の講座内容を紹介するものである（残念なことに，価値づくり設計の石井先生は2009年に逝去された）．また，価値づくり設計の実践講座ではチームを形成してプロジェクトを遂行するので，自分のチームの弱点を知り，不足を補う協力体制の確立は重要である．

　続編ではないものの，筆者は"創造する"設計を実現するために有用な学問を，本シリーズに編纂していきたい．それは決して精神論ではなく，あくまでも科学的な手法を紹介することである．今後もこの努力を続けていく予定である．

2012年9月

飯野 謙次

Preface (in English)

2012 is an Olympics year. We feel the excitement in the air and start to wonder how many world records will be broken. When this book is on the shelf at bookstores, the festival that the whole world had its eyes on will be over and we no longer have to stay up late worrying about the next-day commute. Some competition, like the 100m sprint, rely entirely on individual skills, whereas others, like synchronized swimming, clearly depend on team skills and beauty. The excitement will make us put our hands up high, but at times will make us cover our faces with our hands and groan. Both the male and female soccer teams add to our list of games to watch. They certainly have built strong teams.

When I decided to take on the task of writing this book, I had to think hard about what a team is. The trigger was Teamology by Prof. Douglass J. Wilde still teaching at Stanford University as Professor Emeritus. The word Teamology owes its birth to Wilde. His first encounter with MBTI (Myers-Briggs Type Indicator) the qualitative method, was in 1989. He then added quantitative evaluation and reached results closer to the original discussion of psychological types by Jung. Wilde did not stop here and applied his quantitative approach to team building. The effects have been confirmed at Stanford, UC San Diego, Sungkyunkwan University (Seoul, Korea), Shanghai Jiao Tong University (China), University of Michigan, and so on. This study shaped the word Teamology, i.e., the word "team" followed by "ology" the suffix that means the study of.

This book intends to explain the quantification of psychological types that Wilde discovered with Teamology. His two publications, "Teamology" and "Jung's Personality Theory Quantified" are written for engineering students in college or graduate school, for adults with some knowledge in linear algebra and for MBTI practitioners. Some background in linear algebra about 2D vector space will help.

Without the discussions about some team formations in the later halves of Wilde's publications, this book covers the minimum algebra necessary to understand the quantification of Jung's psychological functional types. Wilde called a hypothetical person with extreme psychological functional types a Platonic ideal and derived the linear transformation to quantify psychological functional types. This book calls this transformation Platonic transformation. These discussions are all in Chapter 5, " mathematics of team building ". Those who did not enjoy high school mathematics may want to skip this chapter.

Chapter 2, backgournd for reading this book, starts with some history about psychology. Not being a psychologist, I do not intend this chapter to give an overall overview of the subject. Among those accredited scholars the chapter just picks out those with work that had some influence on Jung's analytic psychology or accomplishments that applied science to the field.

The last part of Chapter 2 discusses about suicide. The number of suicides in Japan is still above 30,000 annually and poses a large social problem. The fatality count with traffic accidents has been less than 5,000 a year since 2009 and you can see how big the problem of suicide is. Although the topic may sound irrelevant, suicidal emotion is largely affected by the state of mind, and Jung often discussed neurosis and other mental disorders. Teamology aims at building stronger teams, and in its process, quantifies the strengths of psychological types with each member. Don't be surprised but neurosis breaks out, not from weakness in psychological types, but from the strong ones! The statistics in Chapter 2 gives background about the problem of suicides so the readers, through self-analysis with this book, can understand their own psychological types and their strengths. If one finds himself strong in a particular psychological type at a critical level, recognizing the fact will be the first step in preventing closing the curtain in a tragic way. Our society certainly has recognized the issue of suicide and many are working on saving more lives. The complex problem has to do with people's mind and while this book cannot provide complete solutions, it may offer a way to analyze the situation.

Chapter 3 explains Jung's discussion about psychological types. The Japanese book " Human Types " that translated Chapters 10 and 11 of " Psychologische Typen " is out of print, and although some books discuss Jung's ideas, this book goes back to the original to learn from the great mind of the 18th to 19th century.

Chapter 4, MBTI Type discusses MBTI that triggered Wilde's interest in the subject of psychological types. MBTI established the method of having people answer a set of questions to find the psychological types and explosively spread the concept throughout the world.

Chapter 6, Practical Team Building introduces Wilde's plain explanation of psychological types; much easier to follow than hard-to-understand Jung's words. The chapter then shows how each psychological type contributes to teams. In addition, it explains how to build effective teams when it is free to pick its members, and if the team has already been established, how to find weak points of the team and how to reach a better standing by complementing the weaknesses. The chapter closes with 2 examples of applying Teamology in team formation.

Wilde's questionnaire for quantifying psychological types is available in the following homepage. Either a PC or i-mode can access it. Currently not being under the threat of any cyber-attack, it has no password, however, once targeted, the page can easily go up in flames. If we set any password in the future, it will be "user: teamology, w/ password: CGJung12". If the password protection turns ineffective, the homepage of the organization responsible for this page will explain on its page how to reach the questionnaire.

http://www.shippai.org/iTeam/index.php

If a reader of this book finds interest in the subject, he can answer the questions in this book and apply Platonic transformations to find the psychological types for himself. If the math is cumbersome, he can leave the questionnaire and calculation to the above page.

If one finds his team ineffective, he may want to gather the results of the members and discuss them with all involved about how to raise the performance of the team.

It took me 4 long years to finish this 2nd book, "Mathematics of Team Building" after the 1st book "Value Creating Design." This Mathematics of Team Building is not a sequel of the 1st book, however, both books introduce material taught by professors at Stanford University Design Division (to our deepest regret, Professor Kos Ishii passed away in 2009). The course work of Value Creating Design involves team projects and thus, understanding a team's weaknesses and establishing a cooperative team that makes up for its shortcomings are essential.

The books in the series may not form a direct continuation, however, I intend to continue working on subjects that realize "creative" designs. The methods shall not rely on spiritual forces, rater they are all scientific.

September, 2012
Kenji Iino

記号の説明

I：心理の基本態度タイプが内基準
E：心理の基本態度タイプが外基準

P：心理の硬軟態度タイプが柔軟型
J：心理の硬軟態度タイプが構造型

S：知覚の心理機能タイプが感覚型
N：知覚の心理機能タイプが直感型

T：判断の心理機能タイプが思考型
F：判断の心理機能タイプが感情型

これら4組の心理タイプは，それぞれのペアで互いの負数になる．よって，1人の心理は，各ペアにおいてどちらかのタイプで正の値をとる．例えば，**I**-型が10の人は，**E**の値が−10である．**I**軸と**E**軸は1本の直線上にあり，それぞれが反対を向いている．他の三つのペアも同じである．よって，これらタイプは，ベクトルと同じように向きを持っていると考え，太字で表す．

この**I**軸と**E**軸を合わせて2次元平面内の1本の軸と考えたときは，EI軸と呼ぶ．先にくる記号が正の向きを示す．EI軸を水平方向に置くと，**E**軸は右を向き，**I**軸は左を向いている．2次元平面内の軸は，スカラー量を表現し，マイナスになることもある．この軸の名前 EI は通常の太さで表す．

後半では，基準が内か外の心理機能タイプは，心理機能タイプを大文字，基本態度タイプをその右に小文字で表す．例えば，**Se**は，外基準の感覚タイプである．これら基準を持った心理機能タイプも一つの向きを持ったベクトルであり，それぞれ対抗する（お互いの負数となる）ベクトルがある．例えば，**Se**に対抗するベクトルは**Ni**である．これら二つのベクトルは1本の直線上にあり，その軸を表現するときは，Ni Se 軸と呼ぶ．**Ni**がその軸の正の向きを示す，軸名 Ni Se は通常フォントである．

目　　次

第1章　チームづくり ……………………………………………………… 1

第2章　本書の背景となる情報 …………………………………………… 5
  2.1　サイキという言葉 …………………………………………………… 5
  2.2　心理学の発展 ………………………………………………………… 9
    2.2.1　心理学の黎明期 ………………………………………………… 9
    2.2.2　実験心理学の誕生 …………………………………………… 14
    2.2.3　フロイトによる精神分析学の誕生 ………………………… 15
  2.3　ユングの分析心理学 ……………………………………………… 19
  2.4　イザベル・マイヤーズとキャサリン・ブリッグス …………… 21
  2.5　ダグラス・ワイルド ……………………………………………… 22
  2.6　Douglass Wilde (in English) …………………………………… 25
  2.7　自殺に関する統計 ………………………………………………… 28

第3章　ユングによる人間心理のタイプ ……………………………… 36
  3.1　基本態度タイプ …………………………………………………… 38
  3.2　心理機能タイプ …………………………………………………… 39
    3.2.1　知覚機能−感覚タイプと直感タイプ ……………………… 41
    3.2.2　判断機能−思考タイプと感情タイプ ……………………… 42
  3.3　八つの心理タイプの特徴 ………………………………………… 43
  3.4　主要機能、補償機能、補助機能 ………………………………… 45
  3.5　ユングによる精神疾患発症の説明 ……………………………… 45

第4章　MBTIタイプ ……………………………………………………… 49
  4.1　タイプダイナミックス …………………………………………… 51
  4.2　MBTIの功績 ……………………………………………………… 52

第5章 チームづくりの数学 ………………………………………… 54
5.1 ユングの機能タイプに関する解説再考 …………………………… 54
5.2 基本態度タイプ (**E**・**I**) …………………………………………… 57
5.3 硬軟態度タイプ (**J**・**P**) …………………………………………… 60
5.4 プラトニック変換による独立領域への分離 ……………………… 63
5.5 知覚領域における心理機能の定量化 ……………………………… 69
5.6 判断領域における心理機能の定量化 ……………………………… 71
5.7 主要機能、補助機能、補償機能、影 ……………………………… 74
5.8 精神疾患を発症する危険性 ………………………………………… 80

第6章 チームづくりの実際 ………………………………………… 85
6.1 知覚と判断における心理態度タイプの意味 ……………………… 85
    6.1.1 探求：外基準知覚態度タイプ (**Ep**) ………………………… 86
    6.1.2 集中：内基準知覚態度タイプ (**Ip**) ………………………… 87
    6.1.3 管理：外基準判断態度タイプ (**Ej**) ………………………… 87
    6.1.4 評価：内基準判断態度タイプ (**Ij**) ………………………… 87
6.2 心理機能タイプの意味 ……………………………………………… 87
6.3 強いチームをつくる ………………………………………………… 89
    6.3.1 既存チームの弱点と役割分担 ………………………………… 91
    6.3.2 役割分担 ………………………………………………………… 92
6.4 チーム形成の実例 …………………………………………………… 95
    6.4.1 失敗学会事務局 ………………………………………………… 95
    6.4.2 東京大学 ME Seminar ………………………………………… 96

参考文献 ………………………………………………………………… 101
索　引 …………………………………………………………………… 105
あとがき ………………………………………………………………… 109
Postface (in English) …………………………………………………… 111

第1章 チームづくり

"A team is a small number of people with complementary skills who are committed to a common purpose, set of performance goals, and approach for which they hold themselves mutually accountable."
－"The Discipline of Teams" Jon R. Katzenbach and Douglas K. Smith, Harvard Business Review. March－April 1993

　これは，ジョン・カッツェンバックとダグラス・スミスによるよく知られたハーバード・ビジネス・レビューの記事からの引用である．和訳すれば，『最終目標を共有し，それに至るまでに，それぞれが補完し合っている能力を活かしてたどる道筋と中間目標をお互いに理解し合い，かつ各人のゴール達成を信頼し合っている少人数の集まり』ということだ．

　私たち人間は，1人では生きていけない．何かしら人と関わり合いながら，またほとんどの人が職業を持ち，職場で多くの同僚，上司や部下と接触を持つ．上記の記事で，カッツェンバックとスミスは，職場のグループとチームは違うと明言している．職場グループは，例えば一つの課のように，組織の階層構造をそのまま切り出したものであり，チームは特定の目標のために，もっと効率的な組織をつくったものだとしている．上記記事の中で，特に職場グループとの違いとしてチームの特徴を次のように書いている．

・特定のリーダーはいなく，メンバー全員でリーダーの役割を分担する
・自分の能力に自信があり，また他のメンバーを信頼している
・自分たちで決めたチームの目標が明確である

- 成果は全員の仕事の集積
- 討議は収束しないことがあり，問題解決には積極的参加型討議を行う
- 効果は全員の仕事を集積して評価する
- 共同で討議，決定，作業を進める

　アメリカで25年過ごした筆者は，純粋な米国産企業に勤めたこともあり，職場にこの"チーム"というものが形成され，職場全体の活性化や，組織の向上を目指したりするのを見てきた．英語でいうジョブ，つまり各自のその時々の作業内容が，組織内での将来の発言権や役職と直接関係しないことも多く，各ジョブの評価が重要だからこそかなう超組織的な横断型職場活性化法である．

　転じて，日本の職場にひとたび入り込めば階層構造の下の位置に始まり，人間関係を築きながら，少しずつ組織の階段を上っていく．もちろん，最近はもっと欧米的な仕事の仕方を選ぶ人もいるが，大多数の人は好むと好まざるにかかわらず，この日本的ピラミッド這い上がり型職場生活を営んでいる．

　それではワイルドの"チーム"理論は日本では当てはまらないかというと，そうではない．組織の一員となって全体の成績向上を目指すのだが，一つの課，あるいは課が大きければ，その中の一小集団でチームが形成される．そして，そのチームでよい成績を上げて初めて組織に認められる．

表1.1　日本におけるグループとチームの違い

グループ	チーム
形成は強制ではなく，自然発生的	外部要因があって強制的にできる
成績は問われない	成績，成果がすべて
考え方が大きく違う異分子はいない	他の構成員と気が合わないことがある
嗜好や趣味が合っている	趣味嗜好についてはあまり話さない
長時間一緒にいても疲れない	仕事が終われば一緒にいたいと思わない

日本でのグループとチームの違いは，**表1.1**のように考えた方がよいだろう．

グループの例としては，学校の仲良しグループ，喫煙場コミュニティー，アフターファイブ仲間などがある．一方のチームの例では，マネジメントチーム，製品開発チーム，勝つためのスポーツチームが挙げられる．

チームの使命は勝つことだから，よい成績を上げなければいけないわけだが，時にチームの構成が元来うまくできていないことがある．そのようなときは，どんなにあがいても，また外部コンサルタントを雇って状況を改善しようと努力しても，うまくいかない．早くその構成の問題に気がついて，その状態を是正，すなわち適切な人の移動を行わなければならない．いつまでもそのままでいると，構成員が疲弊するばかりでなく，悪くすると出社拒否，辞職などという事態も招きかねない．

その点，日本の組織はよくできていて，組織をまたいだ移動，すなわち転職は少ないが，組織内の移動はむしろ欧米よりも活発である．自分たちの問題を解決する術を組織自体が経験を通して身につけてきたのだろう．

もうひとつチームの成績がどうにも上がらないとき，自分たちの弱点はどこにあるのかを正しく見極めることが重要だ．それを理解したうえで，その弱点を補う方策を考えなければならない．

本書は，ユングという分析心理学の大家が提唱した人間の心理タイプ，それを誰にでもわかりやすく展開，適用したMBTI (Myers–Briggs Type Indicator)，さらに数学を応用して人間の心理タイプを見事に解説したワイルドの業績を，さらにわかりやすく，その基本を解説した書である．

チームの大きさだが，本章冒頭の記事執筆者たちも3人以上，多くて10人，マネジメントチームになると2人という最小単位もよくあるとしている．チーム学を始めたワイルドも，多くても6人としている．つまり，チーム学を50人からなる部門の人間に適用しても有意な結果は得ら

れない．それだけの人数がいると，自然にさらに小さな集団が形成されているはずであり，その小集団に適用するはよいだろう．

また，表 1.1 に示した"グループ"にチーム学を適用しても意味がない．各人の心理機能タイプがわかって話題は提供できるかもしれないが，グループの成績は問われないので，チームメンバーの心理機能タイプを一つの図に集めて効果を上げようとするのは意味がない．同じく，家族，恋人にチーム学の適用はしないほうがよい．無意味な偏見や諍いの原因になるかもしれない．もちろん，よくわかったうえでお互いを理解するための，つまりチームとしての成績向上ではなく，相互理解を深めるためになら役立つだろう．

ただし，占いの類とは根本的に違うので，それはご理解いただきたい．

第2章 本書の背景となる情報

本章では，本書の主題，心理という言葉とそれに関する学問分野の形成からチーム学にいたるまでの重要人物，特に人間のタイプに注目したユング，MBTI (Myers-Briggs Type Indicator) を考え出したマイヤーズとブリッグス母娘，心理機能タイプに定量的評価を加えたワイルドについて重点的に概説する．出発点となるユングは，ハグブルームなどによる20世紀の心理学者ランキングでは23位と，心理学の学界では必ずしも主流と認められていないが，同論文で3位のフロイトとともに，その言動が人の共感を得ることが多く，人気はいまだに高い．

2.1 サイキという言葉

『サイキ (psyche)』という言葉のルーツは，遠くギリシア神話まで遡らなければならない (図 2.1)．以下は，"心"の女神プシュケ (ギリシア語：$\psi\upsilon\chi\acute{\eta}$) に関する抜粋である．英語では，Psyche と書いてサイキと読む．

人間を両親に持つ三人姉妹の末っ娘として生まれたプシュケは，絶世の美女に成長した．やがて，その美貌が衆目を集めると，美と愛の女神アフロディーテに対する人々の信仰が薄らいでいった．嫉妬に狂ったアフロディーテは，プシュケを金の矢で射て，世で最も醜い男と恋におとしめるよう，その息子エロスに言いつける．エロスは，しぶしぶ母親の言いつけに従おうとするが，一目見て自分がプシュケに恋をしてしまう．

エロスはプシュケをかくまい，素性を隠して決して自分を見ないよういいつけ，プシュケと結婚をしてしまう．毎夜，見えぬ夫と結ばれていたプシュケに嫉妬した2人の姉は，エロスが眠っている間に，その言いつけにそむいて明かりをつけるようプシュケをそそのかす．そして，プ

図 2.1　Psyche et L'Amour
(19 世紀に活躍したウィリアム・アドルフ・ブグローによる油絵. エロスがプシュケを略奪する様子を描いている)

シュケは自分の夫が美男のエロスであることを知るが, そのときにランプから漏れた油でエロスは火傷を負って姿を隠してしまう.

やがて, 事情がアフロディーテの知れるところとなり, 怒ったアフロディーテはプシュケをメイドにおとしめる. そして, 次々に無理難題を言いつけるが, プシュケは周りからの助けを得ながらそれらをこなしていく. しかし, 四つ目の課題でようやく手にした美容水をアフロディーテに届ける途中, 自分も少しその美容水をつけて恋する夫エロスを喜ばせようと考え, 木箱の蓋を開けてしまう. すると眠りの煙が出てきて, プシュケは道端で深い眠りに落ちてしまう.

一方, 火傷を負っていたエロスはようやく傷が癒え, 道端で眠っているプシュケを見つける. プシュケに取り付いていた眠りの煙を元通り箱に戻したエロスは, 箱をプシュケに持たせてアフロディーテのところに向かわせ, 自分は事情を神々の王ゼウスに訴える. ゼウスは, 使者神ヘルメスに言いつけて神々を集め, もちろんその中にはアフロディーテもいたが, エロスとプシュケの結婚を認める宣言をし, プシュケに永遠の命を与える. すでにエロスとの間で妊娠していたプシュケは, 後に快楽の女神ヘドンを産む.

上記の抜粋にある神々の呼び名は, すべてギリシア語読みである. ギリシアは紀元前 8 世紀ごろに国家として形成されたが, 同時期に王政が成立したローマが, その後共和国となったときにその一部となる. しか

2.1 サイキという言葉　7

表2.1　プシュケをめぐってローマ神話・ギリシア神話に登場する神々の名

ギリシア語	ローマ語
プシュケ (Psyche)	プシュケ (Psyche)
アフロディーテ (Aphrodite)	ヴィーナス (Venus)
エロス (Eros)	キューピット (Cupid) Amor, Amour の呼び名もある
ヘルメス (Hermes) フランス語読みはブランド名のエルメス	マーキュリー (Mercury)
ゼウス (Zeus)	ジュピター (Jupiter)

し，ギリシア文化はローマ共和国以降の西欧文化にも強く影響を残している．上述の神々の呼び名は，全能の神ゼウスを除いてローマ語読みのほうが私たちにはなじみが深い．

ギリシア神話，ローマ神話，さらには聖書も何世紀にもわたって口承されていた複数の物語が，紀元前8世紀から2世紀ごろにかけてまとめられたものである．一方，八百万(やおよろず)の神々が登場する(やはり口承されていた)日本神話は，紀元後8世紀になってようやく古事記としてまとめられた．ギリシア・ローマ文明の物語編纂よりずいぶん遅れたことがわかる．

ここでは，ギリシア神話のほんの一部を紹介したにすぎないが，日本昔話で私たちにもなじみの深い浦島太郎が玉手箱を開けて煙が出てくるシーン，「鶴の恩返し」でツルが機を織っているところを決して見ないよう与ひょうに約束をさせるシーンなどを髣髴させる．西欧圏でも，シンデレラが2人の姉にいじめられる場面のルーツはここにあるのだろう．

日本でヴィーナスというと，美と愛の女神として良いイメージしか持たれていない．また，キューピットといえば，羽根が生えているところは同じだが，純粋な子供のエンジェルと思われている．ギリシア神話ではヴィーナスが嫁いびりをする姑の役を演じたり，キューピットが自分が恋をした相手を略奪して幽閉するシーンなどがあり，私たちの持って

いるイメージにはかなりのフィルターがかかっていることがわかる．

　ギリシア語のプシュケ($\phi\upsilon\chi\tilde{\eta}$)にルーツを持つ psyche という言葉は，人間という存在において"不死"と信じられている部分を表現していた．英語では，音が違うが同じ綴りの psyche (サイキ) があり，そのほか，mind, spirit, soul も同意で使用される．ただし，heart や brain となると微妙な違いがある．

　日本語では，心臓という言葉が英語の heart に一番近いだろう．例えば，人に「あなたの心臓はどこですか」と尋ねると，迷わず左胸を指すだろう．英語で "Where is your heart?" とやっても同じ結果が得られる．Brain に相当する日本語は脳だ．その在り処を尋ねられると，万人が自分の頭を指す．心臓(heart)も脳(brain)も，所有者の死亡とともに，物理的存在がなくなるまでは多少時間がかかるが，それまで有していた機能は喪失される．

　ここで，「あなたの心はどこですか」と日本語で尋ねるとどうだろうか．やはり左胸を指す人は多いだろうが，中には悩んでしまう人，あるいは頭を指差す人もいるかもしれない．つまり，日本語の「心」という言葉は，英語の heart よりも多少 psyche 寄りな意味合いが強いと思われる．もちろん，英語でも "from the bottom of my heart" といった表現があるが，日本人が好んで使用する「心」ほどは，臓器としての心臓以外の意味で heart を多用することはなく，むしろそのときは spirit, mind, soul を使う．日本語では，大和魂の「魂」，開拓者精神の「精神」といった言葉がこれらの訳語としてはしっくりくるものの，どうしても気をつけの姿勢をとりながら発声しているイメージが強い．本書では，これら psyche, spirit, mind, soul を指すときは，心の心臓機能と区別して「心理」という言葉を使うことにする．

　心理に関する学問は古くからあったが，それは哲学の一部で，心理に関する分野として認識されていた．初めて心理学(英語：psychology, 独

語：psychologie) という言葉を使ったのは，ドイツ人の哲学者 ルドルフ・ゴクレニウス (Rudolf Goclenius) とされている．1590 年のことである．ギリシア語で表現，理論，思想，原理などの意味を持つ「ロゴス (logos)」から生まれた接尾語 –ology を psyche にくっつけた際，psychology とするのが自然だったのだろう．

1960 年，サスペンス映画の巨匠 アルフレッド・ヒッチコック (Alfred Hitchcock) が『サイコ (Psycho)』を発表した．女性がモーテルでシャワーを浴びていると，突然の乱入者に刺し殺されてしまうシーンがあまりにも有名だが，この題名はロバート・ブロック (Robert Bloch) による同名の小説からきている．

現在は，サイコ psycho という単語は「頭のいかれたやつ」程度の意味でスラングとして使われている．侮蔑的な響きを持つため，喧嘩で相手をののしるときか，ごく親しい間柄の冗談，笑いをとる目的のステージなどでしか使うことはない．このサイコという俗語が，大ヒットしたヒッチコックの映画から一般的に使われだしたのか，それとも原著の題名にそれが冠される以前から一般的に使われていたかはわからない．

2.2 心理学の発展

2.2.1 心理学の黎明期

前節で述べたように，心理学 (psychology) という言葉を使用した現存する最古の文書は 1590 年のものだが，心理に関する考察は，プシュケが登場するギリシア神話の時代からなされていたのは確実であろう．またそのほか，世界各地で文明が息づき始めたところでも，人々がその心理の探求に思い悩んだのは想像に難くない．

17 世紀以降、心理学に影響を及ぼした賢人は多い．「我思う，ゆえに我あり (Je pense donc je suis)」の言葉で知られ、直交座標系にもその名を残したフランス人の哲学・数学者のデカルト (René Descartes，1596

René Descartes

Baruch De Spinoza

John Locke

～1650年)は『情念論(1649年)』，オランダ人の哲学・神学者 スピノザ (Baruch De Spinoza, 1632～1677年)は『人間知性改善論(1662年)』，社会契約論のイギリス人の哲学者・医師 ジョン・ロック (John Locke, 1632～1704年)は『人間知性論(1689年)』，微積分法でも知られるドイツ人の哲学・数学・科学者 ライプニッツ (Gottfried Wilhelm Leibniz, 1646～1716年)は『人間知性新論(1705年，出版は1765年)』など，人間の心理について深く考察し，ここに挙げたもの以外にも多くの著作を残している．

　ところが，18世紀終わりになると，心理学とそれにまつわる医術において混乱が発生する．ドイツ人の医師・占星術師 メスメル (Franz Anton Mesmer, 1734～1815年)は，人間の体内磁性流体が，医師による接触，

Gottfried W. Leibniz

Franz A. Mesmer

Benjamin Franklin

あるいは目の動きなどで活性化され，病気を治療できると主張した．彼は，治療の終わりに禁止されていたグラス・ハーモニカを使用するのだが，そのことと患者で著名な女性ピアニストとの間の不倫が世間に知れるところとなり，1768年以来開業していたウィーンを1777年に追放される．

グラス・ハーモニカとは，ワイングラスの縁を濡れた指でなぞると，きれいな音色が発生するのと同じ原理を利用した楽器で，アメリカの独立宣言起草委員会の一人だった政治家・科学者フランクリン(Benjamin Franklin, 1706〜1790年)の発明による．当時，その音色は様々な身体的・精神的障害を引き起こすといわれだしていた．ちなみに，アメリカの独立宣言は1776年7月4日，戦争の終結は1783年のパリ条約である．

1778年，パリに移住したメスメルを待っていたのは賛否両論で，フランス国王ルイ16世は，1784年，グラス・ハーモニカの発明者フランクリン，質量保存則を発見したフランス人の化学者ラヴォアジエ(Antoine Lavoisier, 1743〜1794年)，フランス人の医師ギロチン(Joseph‐Ignace Guillotin, 1738〜1814年)を含めた調査委員会を結成した．その結果，メスメルの手法は荒唐無稽であると結論され，メスメルは，失意のうちに翌1784年パリを去る．

メスメルがオーストリアで開業したきっかけは，ウィーンに住んでい

Antoine Lavoisier

Joseph I. Guillotin

James Braid

た金持ちの未亡人との結婚であり，その財力を活かしてモーツアルトのパトロンをしたという話もある．ただし，生体の磁気を医療に活用するという考えは一般に受け入れられず，晩年は失脚している．

　しかし、メスメルの教えはメスメリストと呼ばれる人たちに受け継がれ，そのデモンストレーションを見たブレード(James Braid, 1795〜1860年)は，催眠(hypnotism)を1841年に発表，翌1842年にかけて『サタンの使者とメスメリズムに関する考察 "Satanic Agency and Mesmerism Reviewed"』を出版した．

　今日では，ブレードが催眠療法(hypnotherapy)の生みの親とされている．メスメルが生体内の磁性流体効果に固執して認められなかったのに対し，ブレードは，この磁性流体効果を否定，あくまでも催眠効果を人間の脳神経系活動に起因する心理に帰着させた点が大きく違う．

　催眠療法に関しては，今日でも国家資格など世界中どこにもなく，催眠療法士の私設団体が資格を発行しているだけである．テレビ放送や映画，あるいはステージなどで催眠術を利用したものは多いが，それらの催眠効果が事実かどうかは判然としない．しかし，催眠効果を利用して社会に実害を及ぼしているものが後を絶たない．例えば，消費者の購買欲を効果的に煽って買い物をさせる催眠商法，効果を過大に吹聴して入信者を募ったり，多額のお布施を払わせたりする宗教団体である．

　実害があるということは，催眠は人の判断を一時的に誤らせることがあると立証するものであり，その効果については否定できない．古くは，寅さんなどでおなじみの祭りの的屋は人の購買欲をうまく煽ったものだった．ただし，その金額は「被害に遭った」と思わせることのない少額だったし，いまでも店舗やデパートの売り子は，消費者の心をうまく捉える者が売上げを伸ばす．親族に，評判の悪い新興宗教に入信した者があると目くじらを立てる人も，神社やお寺で惜しみなくお賽銭を投げる．

手にする有形・無形の対価物が，支払った金額に見合うものかどうかを，そのとき冷静に判断できるかどうかということだ．後になって「しまった」と考えたり，自分の財産をすべてなくして路頭に迷ったりすると，そこで初めて自分の判断が誤っていた，すなわち催眠状態にいたことに気がつく．

心理学が混乱を極めた18世紀，社会も多いに混乱していた．スイス人のルソー (Jean‑Jacques Rousseau, 1712～1778年) による1762年の『社会契約論』や社会思想家の啓蒙運動などにより，人々の王政，貴族政治に対する反発が強まっていた．そして前述のアメリカ合衆国独立にも影響されて，1789年，バスティーユ牢獄襲撃を機にフランス革命が勃発する．国王のルイ16世は捕らえられ，1793年ギロチンで処刑，その後同年，妃のマリー・アントワネットもやはりギロチンで処刑された(図2.2)．

ルイ16世が組織した調査委員会のギロチンは，その機械の発明者ではなく，死刑反対論者であった．その活動の過程で，彼はまずは残酷な処

図2.2　マリー・アントワネットの処刑 (一部．作者 Amadeo Gabrielli, 1749～1817年)

刑をなくして，苦しみも少ない機械による瞬間的な斬首を提案したにすぎない．その後，斬首台がつくられ，自身の名がその機械に付けられると，それを変えるようフランス政府に嘆願するが，拒否され，家名を変えてしまう．

ルイ 16 世は，当時，人々の不満に応える形で改革に乗り出していた．また怪しげな医療行為から人々を守ろうと調査を開始した．それにもかかわらず，その委員会に参加した人の名を冠した機械により首をはねられる運命となった．

また，妃のマリー・アントワネットも，禁止される前のグラス・ハーモニカを演奏したこともあった．この楽器を発明し，フランス革命を後押しするかたちになったアメリカ合衆国の独立に活躍したフランクリンも，同じ委員会に参加していたのは歴史の皮肉である．

2.2.2　実験心理学の誕生

18 世紀から 19 世紀にかけては，西欧諸国が産業革命をなしたときでもある．このとき，様々な発明や技術革新が行われるとともに，社会が工業化し，資本主義が発達，労働者階級が生まれた．

世の中が混乱を呈していた 18 世紀，心理学も過渡期を迎える．ドイツ人の哲学者カント (Immanuel Kant, 1724〜1804 年) は，1786 年の著作『自然科学の形而上学的原理 "Metaphysische Anfangsgründe der Naturwissenschaft"』の中で科学的心理学はありえないといい切っている．

Immanuel Kant

ところが 19 世紀ドイツでは，このカントの言葉に反発するように科学的手法を心理学に取り入れようとする動きが強まった．この時代，ブリッジ回路で知られるイギリス人の科学者ホィートストン (Charles Wheatstone, 1802〜1875 年) による電線中を伝わる電気の速度計

2.2 心理学の発展

Charles Wheatstone

Hermann von Helmholtz

Wilhelm Max Wundt

測法(結果は誤差があって不正確だった)は，生理学(physiology)に大きな発展をもたらした．

まず，熱力学，流体力学，電磁気学においても多大な業績を残したドイツ人の医師・物理学者ヘルムホルツ(Hermann von Helmholtz, 1821～1894年)は，視覚，聴覚の生理学でも，神経信号の伝達速度に興味を示し，その弟子となったドイツ人の医師ヴント(Wilhelm Max Wundt, 1832～1920年)は，1879年，哲学教授として迎えられたライプツィヒ大学(University of Leipzig)で心理学実験室を創設した．これが，実験心理学と呼ばれる分野の始まりとされている．

実験心理学では，厳密に実験的・統計的手法により，学者の心理学上の主張を定量的に裏づけすることに特徴がある．例えば，ある薬剤の人間に対する効果を確認するのに，その薬剤とプラシーボを二つのグループに飲ませるだけでは不十分で，薬を被験者に渡す医者にさえ本物か偽薬か伝えないで実験しなければ，その薬剤効果の真偽が判定できないとしている．特に日本では，この実験心理学の創生をもって心理学が新しい学問として確立されたと考える心理学者が多いようだ．

2.2.3 フロイトによる精神分析学の誕生

オーストリア人の神経科医フロイト(Sigmund Freud, 1856～1939年)は，ユダヤ人の家庭に生まれた．1874年，ウィーン大学(独語：

Sigmund Freud

Universität Wien)に学んでいた彼は,ヘルムホルツらと熱力学の第一法則を導き出したドイツ人の物理・生理学者 ブリュッケ (Ernst von Brücke, 1819〜1892 年)の講義を受け,影響される.このときブリュッケは「生体は,化学や物理学の法則に支配されるダイナミックな系である」としていた.

1881 年に医学博士の称号を得たフロイトは,1885 年パリに留学し,精神病学者 シャルコー (Jean Martin Charcot, 1825〜1893 年)に師事し,催眠療法のヒステリー症への適用を学んだ.しかしフロイトは,後に催眠療法を避け,自由連想法と夢判断を実践するようになった.1900 年の著書に『夢判断 "Die Traumdeutung"』がある.この著書によって,フロイトはその周りに多くの精神分析学者,心理学者を引きつけ,その影響はほかの学問分野にまで及んだ.

自由連想法とは,患者がある言葉を聞かされたときに頭に浮かんだ言葉を次々に発声し,治療者がそのやり取りの履歴から,患者の無意識領域を理解しようとするものである.現在でも心理療法などで実践されている.

フロイトは,その精神心理学を通して諸説を提唱した.その中でも,一般によく知られているのが "抑圧 (repression)" であろう.すなわち,自分の心理を守るため,人は自然に,欲望や衝動を無意識下に収めるというものである.嫌な体験はいずれ忘れるというのも,この抑圧の作用とされている.筆者も,1978 年に大学の教養学部で「心理学」を受講したときは,そのように教わってへえーと感心したものである.

しかしその後,子供時代に父親に性的虐待を受けていたことを,抑制により忘れていたのをナレーティブセラピー (narrative therapy) により思い出し,裁判にまで発展していた事例で,そのような事実がありえな

かったことが，被害者が処女であったことで証明された．この事例では，セラピストによる神経症の治療によって，患者がそう思い込まされていたとロフタス (Elizabeth F. Loftus, 1944年〜) らにより示された．このほかにも似たような事例が特に欧米で多くあり，いまでは"抑圧"はほとんど起こらないと考えるのが主流のようだが，議論は続いている．

　ナレーティブセラピー (narrative therapy) とは，自由発想法が発展した形で，患者が主体として話を進める．欧米の映画などで，患者がソファーに寝そべってブツブツ話すのをセラピストが隣でメモを取りながら時折相槌をいれるシーンを思えばよい．心的外傷後ストレス障害，すなわち PTSD (Post-Traumatic Stress Disorder) などのストレス障害に効果がある事例が多く報告されている．

　これは余談だが，筆者は初めて"トラウマ"という言葉を日本で聞いたとき，虎と馬が登場する故事から生まれた用語だと思っていた，それが英語の trauma をローマ字読みしたのだと知ったときは思わず苦笑した．

　さらにフロイトの業績を見てみよう．彼による心理 (psyche) のモデルは，意識，無意識と，その中間の前意識の3層に分かれ，その3層に以下三つの構成要素があるとしている．

- イド (英語：It，独語：Es，ラテン語：Id) ー本能的・刹那的
- 超自我 (英語・ラテン語：Superego) ー社会・親から得た価値観・善悪の判断
- 自我 (英語：I，独語：Ich，ラテン語：Ego) ー超自我の判断でイドを抑える

欧米圏ではラテン語が広まり，Id, Superego, Ego と表現されている．フロイトによると，イドはそのほとんどが無意識層にあり，常に人間を突き動かそうとする本能からの性的衝動リビドー (libido) を内包する．また，自我と超自我は3層にまたがって存在し，イドを超自我に従って抑

えようとする自我の葛藤が神経症の原因であると考えた．フロイトにとって自由連想法と夢判断は，患者が持つイドを明らかにするための手法であった．

　実験に理論の裏づけを求めた実験心理学に対し，フロイトは主に事例研究に基づいてその理論を展開している．つまり，極端に小さい母集団を観察，治療し，その効果から理論を導いている．このためもあってか，フロイトのいくつかの説は時期によって微妙に変わった．現代心理学者が，フロイトの説は実証するデータがないと批判する要因であろう．

　フロイトは，人の人格は子供時代の体験に基づいて形成されるものとした．批判の多いフロイトの説にエディプスコンプレックス (Oedipus complex) がある．知らずに自分の父親を殺し，母親と結婚したギリシア神話のエディプス (Oedipus) 王の名前からフロイトが名づけたのだが，子供は母親と結ばれ，父親を殺したいという無意識の情動があるというものだ．さらに女子は，男子との体の違いを認識したときにペニス羨望 (penis envy) を持ち，その時点から女性としての意識が生まれるとした．

　ユダヤ人だったフロイトは，ナチの迫害を逃れて1938年にロンドンに移住した．そのころ葉巻愛好家だったフロイトは口腔癌に苦しみ，担当医は請われるままにモルヒネを処方した．フロイトは，1939年にその生涯を閉じた．

　フロイトが活躍した時代，最も国力が強かったのはビクトリア朝のイギリスで，産業革命による近代産業の立ち上がり，豪華な文化の興隆，ダーウィン (Charles Darwin, 1809〜1882年) による『種の起源 "On the Origin of Species"』に影響された新しい思想が巻き起こり，世界の列強がまさに帝国主義に突入せんとする時代であった．その反面，イギリスでは近代産業の勃興による労働者階級の形成，子供の労働，売春の蔓延など，社会問題も出現していた．

　性について語るのがタブー視されていたこの時代に，フロイトの考え

方は，それまで医療の対象として語られなかった神経症について，人に潜在的に存在する無意識，さらにそれを引き出す手法，そして原因の説明を試みた画期的なものであった．もちろん，そのような新しい考え方を排除する動きも起こったが，人間の心理に初めて光を当て，その手法から派生した治療法が現代でも通用している．ただし，フロイトの説の正否は現在も論争されている．フロイトに影響された人は，精神分析学者，医者，あるいは心理学者にとどまらず，自然科学者，哲学者，政治家など数多い．

2.3 ユングの分析心理学

スイス人の医師・心理学者 ユング (Carl Gustav Jung, 1875～1961 年) は，父親 ポールとエミリーの第四子として生まれた．母親は裕福な家の出であったが，精神的に不安定であり，ユングも少なからず影響を受けたようである．ユング自身，精神が揺れ動いた少年時代，肉体も影響を受け，意識を失うことがしばしばあった．晩年になってからの回顧によると，少年時代に悪夢にさいなまれたこともあったとのことである．

Carl Gustav Jung (1922 年)

1895 年にバーゼル大学で医学を学び始めたユングは，1903 年に博士論文『いわゆるオカルト現象に関する心理学と病理学 "On the Psychology and Pathology of So‐Called Occult Phenomenon"』を発表した．さらに，1906 年に『言語連想に関する研究 "Studies in Word Association"』を著し，1 冊をフロイトに贈呈した．ユングは，1900 年のフロイトによる『夢判断』を読んでおり，このときはフロイトの考え

に感銘を受けていた．

　1907年，ユングはフロイトを訪ね，同年，チューリッヒに戻ってからチューリッヒフロイト学会を設立した．ユングがフロイトに初めて会った1907年の会合は，13時間続いたことで知られている．この会合をきっかけに，ユングはウィーン精神分析学会にも参加するようになった．

　ユングによるチューリッヒ学会を皮切りに，フロイトの精神分析学に学ぼうとする気運が高まり，ベルリン，ニューヨーク，ブタペスト，ロンドンなど，その動きはますます広まっていった．ちなみに，日本精神分析協会が設立されたのは1955年である．

　こうした広がりの中，国際会議の必要性が認識され，1908年，オーストリアのザルツブルグ会議での提議を経，1910年，ドイツのニュールンベルグ会議で国際精神分析学会 (IPA：International Psychoanalytic Association) が設立された．ユングは，フロイトの推薦を受けて同学会の代表となり，1914年まで務めた．国際精神分析学会は，いまや世界中に広がり，活動を継続している．

　ユングを一躍有名にした『言語連想に関する研究』の中で，ユングは心理検流器を使用して一連の言葉に対する被験者の皮膚抵抗の変化を計測し，その結果から無意識の中のコンプレックスを探っていた．『夢判断』でフロイトが提唱した人間の無意識について，客観的かつ科学的なデータを提供したといえよう．このあたり，ユングも実験心理学の様相を呈するが，大きな母集団を対象にした実験は伴わない．

　無意識を研究対象とすることでは基本的にフロイトと同じ考えを持っていたユングだが，次第にフロイトとの間に溝ができていった．その原因の一つは，フロイトが神経症の原因を幼少時の性的虐待などの性体験としていたのに対し，ユングはその原因をそのときの心理的葛藤も含めて広く求めたことである．また，無意識そのものに対しても，フロイトがそれを押さえつけられた感情と欲望により形成されるとしていたのに

対し，ユングはそれをもっと一般化して考えていた．

　ユングの業績は多々あるが，現代の主流をなす心理学では，それらが観察と考察に基づくもので，理論としてのバックアップデータ，すなわち統計学的に認められる十分大きな母集団に対する実証データが欠如しているとして，ユングの業績のすべては認めないとしている．

　本書の中では，ユングの数ある業績のうち，1921 年著作の『心理的タイプ "Psychologische Typen"』が重要である．日本語訳は，同書を高橋義孝が，その 10 章，11 章を訳した『人間のタイプ』(1960 年) がある．その中で，ユングは自身に対する批判を予言するかのように，当時の社会が実証を重要視する方向にどんどん傾いていて，人々が自分自身に相対して考察することが減っていることを嘆いているのは実に興味深い．その著作から 90 年も経とうといういま，私たちの社会，学会はますます実証データへの依存を強めているようだ．

　ユングによる心理的タイプの分析については，次章に詳しく述べる．

2.4　イザベル・マイヤーズとキャサリン・ブリッグス

　アメリカ人の心理学論者イザベル・マイヤーズ (Isabel Briggs Myers, 1897〜1980 年) は，キャサリン・ブリッグス (Katharine Cook Briggs, 1875〜1968 年) の一人娘として生まれ，母親の溺愛の中で育ち，1915 年にスォースモア・カレッジ (Swarthmore College) に進学する．マイヤーズは，そこで後の夫クラレンス・マイヤーズ (Clarence "Chief" Myers, ニックネームがチーフ) に出会う．1918 年にチーフを紹介されたブリッグスは，実践的かつ論理的で心配りの細かいチーフを知れば知るほど，想像的で感情的，時には大胆な自分達母娘との違いに愕然とする．人間のタイプ分析の分野で創造的業績を残した 2 人に対して，法学部に身を置き，弁護士として生計を立てたチーフがまったく違う人間に見えたのは無理もなかったろう．

将来の義理の息子を理解しようと，そのときからブリッグスの心理学と哲学への探求が始まる．そして，1923 年，ドイツ語の "Psychologische Typen" が英語訳 "Psychological Types" として出版されるや，その虜になり，娘のマイヤーズにも薦める．こうして，母娘 2 人はユングの著作に没頭していった．

そうして 1962 年，最初の MBTI インストルメント，人の心理タイプを見極めるための質問集が発行された．それ以来，マイヤーズ本人によると 2000 年の時点で，MBTI の心理タイプ分析を受ける人は年間 300 万人ほどもいる．MBTI については，第 4 章に詳述する．

2.5 ダグラス・ワイルド

アメリカ人の工学者 ワイルド(Douglass James Wilde, 1929 年～)は，1929 年 8 月 1 日，シカゴに生まれた．奇しくも大恐慌が始まった年である．やはり工学者だった父親は，絨毯を売って生計を立てたり，仕事を求めて一家をパナマ運河辺りに住まわせたりした後，1941 年にはペンシルバニア州ピッツバーグ市に移り住んだ．

ここで飛び級をして仲間より 2 年早く高校を卒業したワイルドは，カーネギー工科大学 (Carnegie Institute of Technology, 現在のカーネギーメロン大学, CMU) に入り，そこも 3 年で終え，工業化学の学士号は 18 歳で取得した．

Douglass J. Wilde

進学ローンを組んで大学を卒業したワイルドは，返済のためカーネギー工科大学の誘いを断り海軍に入った．大西洋艦隊に配属となり，自身の言葉で "幸運にも" 朝鮮戦争に行くこともなく，ヨーロッパで 21 カ月を過ごした．その奨学金で進学の夢がかない，今度はワシントン大学大

学院に進む.

　ワシントン州シアトル市で修士号を取得後,今度はカリフォルニア州バークレー市にてユニオン・オイル社に就業する.その2年間で線形計画法に興味を覚えて博士号取得を決意,会社を辞め,カルフォルニア大学バークレー校に入学する.入学直後には,当時サンフランシスコ州立大学に在籍していたジェーンと結婚し,授業助手の職を得,やはり働いていたジェーンと勤労学生夫婦となる.

　ワイルドは1960年,エコール・ド・パリで知られるエコール国立大学のシュミック校 (École Nationale Supérieure des Industries Chimiques : ENSIC) にフルブライト留学をした後,1961年にはテキサス大学 (University of Texas) で教鞭を執り始める.1960年代初め,南部州テキサスでは人種差別の殻を破ろうと努力はしていたものの,まだまだ抜け切れないでいた.その旧弊な考え方と人種差別には厳しい目を持つワイルドがぶつかったのは必然の結果かもしれない.1年半の後,1962年2月にはエール大学で教えていた旧友に招聘されてコネチカット州のニュー・ヘイブンに移る.電気工学科でオペレーションズ・リサーチを教えるためだ.しかし,翌1963年にはスタンフォード大学,工業化学科に招かれて再び大陸を横断することになる.当時人気がなかった工業化学科では,新任のワイルドが最年少であった.学科長はワイルド夫妻に学生寮に住むよう頼み込んだ.なぜ誰も工業化学を学ぼうとしないのか,調査を依頼されたのである.ここで,ワイルドは1963年から1971年の7年間,学生とともに過ごしたわけだが,当時の回想を本人の言葉を借りて以下に記す.

　　『僕がスタンフォードの工業化学科にやってきたのは1963年.ケネディが暗殺される直前だよ.スターンホールの寮に引っ越して7年を過ごしたんだ.64年から71年だから,わかるだろう.当時の大学キャンパスは反戦運動なんかで大変な騒ぎだった.ちょう

どそのころ，ジョン・アーノルド(John Arnold)が設計グループ(Design Division)を立ち上げたのさ．僕が彼を知ったのはボブ・マッキム(Bob McKim)を通してだよ．マッキムが人の創造性に興味がある者を，30人ほどいたかな，エサレン・インスティテュート(Esalen Institute)に送り込んだんだ』

2012年で創立50年を迎えるエサレンは，カリフォルニア州の切り立つ海沿いの崖が美しいビッグ・サー(図2.3)にあり，人間の精神面，社会性の成長を謳う私立教育機関である．通常の学校組織とは異なり，その時々に短期間のプログラムを提供している．対象は子供から大人までで，社会適合性において身体的・精神的問題を抱えた人の救済をもテーマの一つとしている．もちろん，社会に十分適合できている人も，自分を見つめ直し，より豊かな人生を送る目的でプログラムに参加できる．

ワイルドは，このエサレンでスタンフォード大学設計グループのバーナード・ロス(Bernard Roth)やボブ・マッキムらと出会う．そしてその

図2.3 エサレン・インスティテュートのあるビッグ・サー

後，学生の扱いを巡って工業化学科と対立したワイルドは，戦争や人種差別に反対する基本的考え方が同じ設計グループに魅せられ，そこに異動する．

この設計グループのセミナーで，創造性教育で有名なジェームズ・アダムズ(James Adams)がMBTIを紹介する．1989年のことである．こうして最適設計でアメリカ機械工学界に知られていたワイルドは，チームづくりの最適化にMBTIの手法を適用することになる．

全米と世界にその教え子が散らばっているワイルドは，ミシガン大学，上海交通大学などで，MBTIを応用してチームメンバーを構成することで，チームの成績が確実に向上することを発見する．さらに，当初はMBTIをそのまま適用していたのを見直し，心理タイプを知覚と判断の2領域でそれぞれ四つ，合計八つの心理機能タイプで定量的に捉える手法を確立する．この詳細は第5章に記述する．

2.6 Douglass Wilde (in English)

American engineer Wilde (Douglass James Wilde, 1929 -) was born on August 1st, 1929 in Chicago. It was the year the Great Depression started. His father, yet another engineer, made a living selling carpets and moved the family to live by Panama canal. The family later moved to Pittsburgh, Pensylvania in 1941.

By the time Wilde graduated from high school, he had skipped a couple of years, and finished his bachelor's degree from Carnegie Institute of Technology (now Carnegie Mellon University, CMU) in three years at the age of 18.

Wilde, to return his educational loan, turned down the offer from Carnegie Institute of Technology and entered the Navy. He was assigned to the Atlantic fleet and in his own words "luckily" avoided having to go to the Korean War. After 21 months in Europe, he received a GI bill and advanced to the graduate school at University of Washington.

After completing his Master's degree in Seattle, Wilde moved to Berkeley, California to work for Union Oil. While working there for 2 years, linear programming and operations research caught his attention and Wilde decided to go back to school for his doctoral degree at UC Berkeley. Right after entering Berkeley he married Jane who was also a student then at San Francisco State University.

After his Ph.D. from Berkeley, Wilde received Fulbright scholarship to lecture at The École Nationale Supérieure des Industries Chimiques (ENSIC) in 1960, and in the following year started to teach at University of Texas. In the early 60's, people in the southern state of Texas were trying to break out of the racial problems but were not quite successful. It probably was a natural outcome for Wilde with strong opinion against racism to encounter conflict there. After a year and a half in Texas, Wilde called his friend at Yale and was invited to teach there, Wilde moved to New Haven, Connecticut to teach operations research to the EE department. In 1963, Stanford across the continent invited him to the Chemical Engineering Department. Chemical engineering back then lacked popularity and Wilde was the youngest among the faculty. The chairman asked the Wildes to live in the student dormitory to find out why nobody wanted to study chemical engineering. The Wildes spent 7 years from 1964 to 1971 with students and in his own words he said:

"I came to the Chemical Engineering Department. In 1963, just before Jack Kennedy got shot. So, we moved into the dormitory at Stern hall, and we lived there for seven years, total, at a very intriguing time, you know 64 to 71, the things that happen on campuses, anti-war protests. At that time John Arnold started the Design Division. Well, we got in touch because of Bob McKim. McKim said people interested in creativity, there were 30 of them, had to go down to Eselen institute."

Esalen Institute, reaching its 50th anniversary this 2012, is located at Big Sur with beautiful cliffs along the coast of the State of California. It is a private educational institute to offer spiritual and social education. Unlike regular school organizations, it offers short-term programs for children and adults. One of its aims is at helping people with physical or mental issues to find places in the society. People without problems can also visit the institute to take new looks at themselves and lead richer lives.

There at Esalen, Wilde met with Bernard Roth and Bob McKim from the Design Devision at Stanford. Later when he had a conflict with the Chemical Engineering Department about the department's attitude towards the students, he moved to the Design Division with faculty members with similar ideas with Wilde of opposing war and hating racism.

In a 1989 seminar at the Design Division, James Adams, well known for creativity education, introduced MBTI. Wilde, well known in the Mechanical Engineering Society for his work in design optimization, took off applying MBTI methods to optimize team building.

Wilde, with his former students all over the world, found applying MBTI in team formation can elevate the team performance at schools like the University of Michigan or Shanghai Jiao Tong University. His work decoupled the psychological attitude types into the two domains of perception and judgment to quantify eight psychological functional types. Chapter 5 discusses the detail of his method.

2.7 自殺に関する統計

　日本における自殺の問題は大きい．1998年以来，年間自殺者数が，それまで2万5000人程度だったのが，3万人を超えた．以来2011年の30 651人までこのレベルを保ったままである．一方，交通事故による死者数は1991年以来年々減少し，2009年以降年間5000人を切っている．いまでは，知り合いに交通事故で亡くなった人がいることが珍しくなり，知り合いが自殺したという人の方が圧倒的に多い．

　表2.2は，内閣府作成の2011年，職業別・原因別の統計表に原因別合計を書き加えたものである．1人の自殺につき，原因を三つまで計上できるため，合計が実際の30 651人より大きい数字になっている．そのほか，無職者についての注意書きもあるが，表中の端数が微妙に計算と違っているとだけ断っておこう．

　表2.2中の原因を見ると，健康問題を理由に自殺をしている人が圧倒的に多いことがわかる．出展文書の付録には，その総数14 621人の内訳があり，身体の病気，うつ病，総合失調症，アルコール依存症がそれぞれ4659人，6513人，1313人，295人となっている．これらの合計が総数に満たないのは，そのほかの分類があるためだ．身体の病気を除き，うつ病，総合失調症，アルコール依存症は精神疾患である．ただし，身体の病気も，それを理由に自殺に至るのは，精神状態が健全でなくなったとも考えられる．2011年は，少なくとも8000人以上がうつ病など，精神疾患のために自殺をしたことになる．精神疾患とは，脳もしくは心理的要因により，通常の社会的生活が送れない状態になったことをいう．

　うつ病は，いまや大きな社会問題となり，脳内物質のアンバランスによる発病には投薬などの処方があるが，心的要因は，科学的説明が困難

表 2.2 2011年自殺者の職業と自殺の原因

		合計	職業別 自営業・家族従業者	被雇用者・勤め人	学生・生徒など	(右4区分は数値のみ)	無職 主婦	無職者 失業者	年金・雇用保険等生活者	その他の無職者	不詳
合計 (原因は三つまで計上できる)	計	31451	3129	8776	951	18332	2477	2219	6032	7490	263
	男	21241	2820	7055	628	10535		1991	3578	4884	203
	女	10210	309	1721	323	7797	2477	228	2454	2606	60
原因別 家庭問題	計	4547	394	1302	101	2713	516	233	976	968	37
	男	2860	341	1001	59	1434		209	590	622	25
	女	1687	53	301	42	1279	516	24	386	346	12
健康問題	計	14621	905	2634	218	10794	1731	615	4165	4227	72
	男	8214	756	1904	114	5393		515	2388	2457	47
	女	6407	149	730	104	5401	1731	100	1777	1770	25
経済・生活問題	計	6406	1478	1700	71	3052	114	1105	429	1371	105
	男	5740	1412	1554	61	2620		1057	334	1200	93
	女	666	66	146	10	432	114	48	95	171	12
勤務問題	計	2689	178	2149	16	339	20	110	22	187	7
	男	2347	162	1898	10	270		98	17	155	7
	女	342	16	251	6	69	20	12	5	32	
男女問題	計	1138	51	600	88	383	20	63	35	262	16
	男	645	41	373	47	184		38	18	125	9
	女	484	10	227	41	199	20	25	17	137	7
学校問題	計	429		7	391	31	1			31	
	男	320		6	290	24				24	
	女	109		1	101	7	1			7	
その他	計	1621	123	384	68	1020	73	93	405	445	26
	男	1106	108	319	47	610		74	231	301	22
	女	515	15	65	21	410	73	19	174	144	4

2.7 自殺に関する統計　29

なこともあって，経験則的なアドバイスしかない．叱咤しないことに始まり，いまでは"がんばれ"と励まさないことなどがいわれているが，これもタイミングによってはその励ましが治癒につながるなど，混沌としている．

表2.3は，世界保健機関(World Health Organization：WHO)より発表されたデータを基に，国別に見た自殺者率(10万人当たりの年間自殺

表2.3 国別10万人当たりの年間自殺者数

順位	国名	10万人当たり自殺者数	年	順位	国名	10万人当たり自殺者数	年
1	リトアニア	31.5	2009	26	スリナム	14.4	2005
2	韓国	31.2	2010	27	中国	13.9	1999
3	カザフスタン	26.9	2007	28	ニュージーランド	13.2	2008
4	ベラルーシ	25.3	2010	29	スウェーデン	13.2	2006
5	日本	23.8	2011	30	セーシェル	13.2	1998
6	ロシア	23.5	2010	31	スロバキア	12.6	2005
7	ガイアナ	22.9	2005	32	キューバ	12.3	2006
8	ウクライナ	22.6	2005	33	トリニダード・トバゴ	12.0	2002
9	スリランカ	21.6	1996	34	アイスランド	11.9	2007
10	ハンガリー	21.5	2008	35	チェコ	11.8	2008
11	ラトビア	19.9	2007	36	ボスニア・ヘルツェゴビナ	11.8	1991
12	スロベニア	19.8	2008	37	カナダ	11.6	2005
13	セルビア・モンテネグロ	19.5	2006	38	ポルトガル	11.5	2004
14	フィンランド	18.8	2007	39	ノルウェー	11.4	2006
15	ベルギー	18.2	1999	40	ルーマニア	11.3	2007
16	クロアチア	18.0	2006	41	アメリカ合衆国	11.1	2005
17	スイス	17.5	2006	42	ルクセンブルク	11.0	2005
18	フランス	17.0	2006	43	デンマーク	10.6	2006
19	エストニア	16.5	2008	44	インド	10.6	1998
20	ウルグアイ	15.8	2004	45	オーストラリア	10.5	2004
21	モルドバ	15.7	2007	46	モーリシャス	10.4	2007
22	オーストリア	15.4	2007	47	シンガポール	10.3	2006
23	南アフリカ	15.4	2005	48	チリ	10.3	2005
24	香港	15.2	2006	49	ブルガリア	9.5	2007
25	ポーランド	15.2	2006	50	ドイツ	9.4	2007

者数)の上位 50 カ国である．国により，集計の年が違っている．表中，先進 8 カ国 G 8 (アメリカ合衆国，イギリス，イタリア，カナダ，ドイツ，日本，フランス，ロシア) を白い背景，欧州連合を除いた G 20 (G 8＋アルゼンチン，インド，インドネシア，オーストラリア，韓国，サウジアラビア，中国，トルコ，ブラジル，南アフリカ，メキシコ) を薄いグレー斜線の背景で示している．

表 2.4　1 人当たり購買力平価ベース国内総生産 (国際ドル)

順位	国名	1 人当たりの購買力平価ベース国内総生産	順位	国名	1 人当たりの購買力平価ベース国内総生産
1	カタール	102 891	26	韓国	31 753
2	ルクセンブルク	84 829	27	イスラエル	31 004
3	シンガポール	59 936	28	バハマ	30 961
4	ノルウェー	53 376	29	スペイン	30 622
5	ブルネイ	49 517	30	イタリア	30 165
6	香港	49 342	31	スロベニア	29 179
7	アラブ首長国連邦	48 597	32	キプロス	29 100
8	アメリカ合衆国	48 147	33	ニュージーランド	27 966
9	スイス	43 508	34	ギリシア	27 624
10	オランダ	42 330	35	バーレーン	27 368
11	オーストリア	41 805	36	オマーン	26 272
12	オーストラリア	40 836	37	チェコ	25 933
13	クウェート	40 740	38	マルタ	25 782
14	スウェーデン	40 613	39	セーシェル	24 724
15	カナダ	40 457	40	サウジアラビア	24 056
16	アイルランド	39 507	41	バルバドス	23 624
17	アイスランド	38 079	42	スロバキア	23 384
18	ドイツ	37 935	43	ポルトガル	23 204
19	台湾	37 931	44	アンティグア・バーブーダ	22 119
20	デンマーク	37 741	45	トリニダード・トバゴ	20 301
21	ベルギー	37 677	46	ポーランド	20 136
22	フィンランド	36 723	47	ハンガリー	19 647
23	イギリス	35 974	48	エストニア	19 375
24	フランス	35 048	49	赤道ギニア	19 357
25	日本	34 362	50	リトアニア	18 769

表 2.4 は，国際通貨基金 (International Monetary Fund：IMF) 発表の購買力平価 (Purchasing Power Parity：PPP) ベースの国内総生産を国民1人当たりに換算したときの上位50カ国である (単位は国際ドル).

国内総生産では，アメリカ合衆国が2位中国の6兆ドル近くの倍以上で15兆ドル弱の断トツである．3位に落ちた日本は，およそ5.5兆ドルだが，3.3兆ドルのドイツを大きく離している．しかし，各国の人口が違うのだから，豊かさの尺度としては偏っている．表2.4で購買力平価を採用したのは，これが為替相場も考慮した多国間の通貨価値を比較しているからである．この表で上位を占めるのは，中北部ヨーロッパ，石油産出国と北アメリカである．それらの範疇に入らないのは，5位のブルネイ，6位の香港である．日本は，26位の韓国と並んで，25位にようやく顔を出している．日本人の平均年収が400万円台だから，非就業人口も考えると，納得できる数字である．

これらの二つの表から外れたデータも合わせて，自殺者率を1人当たり購買力平価ベース国内総生産の1000分の1で割った数値が表2.5である．この比率を自殺率対経済力指数と呼ぼう．日本の自殺者率は決して世界一ではないが，いわゆる先進諸国の中ではかなり高いことがわかる．生活が豊かであるのに，自らの命を絶つ人が多いのは，その豊かさを保つために人々が犠牲になっていることにほかならない．

この表2.5から，欧州連合を除いたG20の19カ国の自殺率対経済力指数を次の表2.6に抜き出し，図2.4でグラフに示す．白い背景はG20の内のG8諸国である．

図2.4と表2.6から，日本はG8の中でロシアの次に自殺率対経済力指数が高い．しかし，そのロシアは1人当たりの購買力平価ベースの国内総生産では上位50カ国にも入らなかった．核兵器を保有し，宇宙開発も進んではいるが，経済力を冷静に見ると，ロシアは他の先進国の後塵を拝している．日本の自殺率対経済力指数は，G20のちょうど平均く

2.7 自殺に関する統計　33

表 2.5　自殺率対経済力指数(ワースト 50 国)(国際ドル)

順位	国名	自殺率対経済力指数	10万人当たり年間自殺者数	1人当たりのPPPベースの国内総生産	順位	国名	自殺率対経済力指数	10万人当たり年間自殺者数	1人当たりのPPPベースの国内総生産
1	ジンバブエ	16.773	7.9	471	26	クロアチア	0.982	18.0	18338
2	モルドバ	4.642	15.7	3382	27	ベリーズ	0.918	7.6	8275
3	スリランカ	3.851	21.6	5609	28	ルーマニア	0.914	11.3	12358
4	キルギス	3.782	9.0	2380	29	エルサルバドル	0.895	6.8	7595
5	ウクライナ	3.140	22.6	7198	30	エストニア	0.852	16.5	19375
6	ガイアナ	3.037	22.9	7541	31	エクアドル	0.816	6.8	8335
7	インド	2.863	10.6	3703	32	タイ	0.805	7.8	9693
8	ニカラグア	2.261	7.2	3185	33	ポーランド	0.755	15.2	20136
9	カザフスタン	2.060	26.9	13059	34	パラグアイ	0.739	4.1	5548
10	セルビア・モンテネグロ	1.829	19.5	10661	35	ブルガリア	0.700	9.5	13562
11	ベラルーシ	1.693	25.3	14948	36	モーリシャス	0.693	10.4	15015
12	リトアニア	1.678	31.5	18769	37	日本	0.693	23.8	34362
13	中国	1.656	13.9	8394	38	コスタリカ	0.692	8.0	11562
14	スリナム	1.517	14.4	9492	39	スロベニア	0.679	19.8	29179
15	ボスニア・ヘルツェゴビナ	1.444	11.8	8174	40	マケドニア共和国	0.656	6.8	10369
16	ウズベキスタン	1.427	4.7	3293	41	チリ	0.637	10.3	16171
17	ロシア	1.408	23.5	16687	42	セントルシア	0.594	7.7	12954
18	南アフリカ	1.408	15.4	10977	43	トリニダード・トバゴ	0.591	12.0	20301
19	ラトビア	1.288	19.9	15448	44	スロバキア	0.539	12.6	23384
20	タジキスタン	1.275	2.6	2039	45	セーシェル	0.534	13.2	24724
21	キューバ	1.268	12.3	9700	46	アルバニア	0.514	4.0	7780
22	トルクメニスタン	1.144	8.6	7518	47	フィンランド	0.512	18.8	36723
23	ハンガリー	1.094	21.5	19647	48	フィリピン	0.511	2.1	4111
24	ウルグアイ	1.021	15.8	15469	49	ポルトガル	0.496	11.5	23204
25	韓国	0.983	31.2	31753	50	フランス	0.485	17.0	35048

らいである．同じアジア圏のインド，中国，ロシア，韓国は，日本よりも自殺に関して深刻な問題を抱えている．

　内閣府によると，日本人の中では 18.3% が自殺未遂歴を持つ(「不詳」除いた割合)．自殺未遂者は，自殺者数の 10 倍から 40 倍といわれている(自殺予防総合対策センターブックレット)．仮に 25 倍とすると，年間

表 2.6 G20 の自殺率対経済力指数

国名	自殺率対経済力指数	10万人当たり年間自殺者数	1人当たりのPPPベースの国内総生産(国際ドル)
インド	2.863	10.6	3703
中国	1.656	13.9	8394
ロシア	1.408	23.5	16687
南アフリカ	1.403	15.4	10977
韓国	0.983	31.2	31753
日本	0.693	23.8	34362
フランス	0.485	17.0	35048
アルゼンチン	0.455	7.9	17376
ブラジル	0.388	4.6	11845
カナダ	0.287	11.6	40457
トルコ	0.270	3.9	14615
メキシコ	0.265	4.0	15121
オーストラリア	0.257	10.5	40836
イギリス	0.256	9.2	35974
ドイツ	0.248	9.4	37935
アメリカ合衆国	0.231	11.1	48147
イタリア	0.172	5.2	30165
インドネシア	—	—	4668
サウジアラビア	—	—	24056

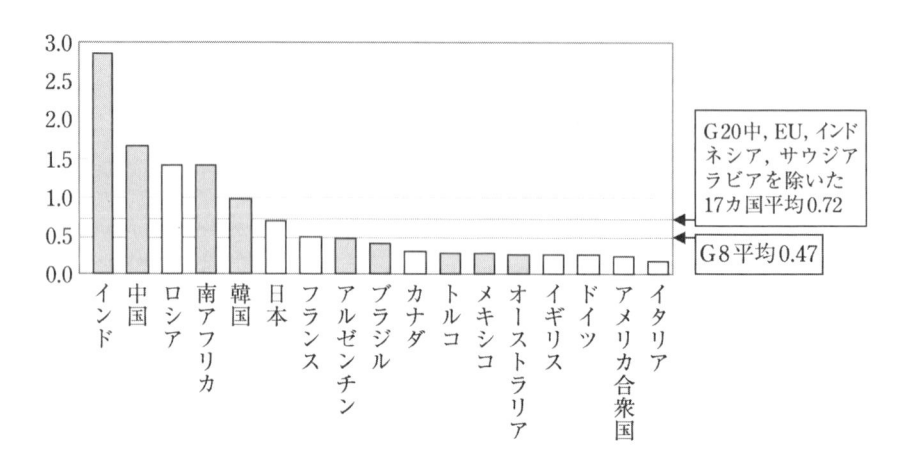

図 2.4 G20 の自殺率対経済力指数

750万人を超える人たちが自殺未遂をしていることになる．1日に2万人以上である．1年の間には，日本人口の20人に1人は自殺未遂をするというなんとも恐ろしい数である．

　自らの手で自分の人生を終わらせるという究極の解決手段に至らないまでも，心理的悩みを抱えて人生を思うように操れない人は大勢いる．もちろん，自殺の原因がすべて心因性のうつ病ではないが，本書で取り上げた 1900 年を挟んで生きた心理学者ユングによる心の分析をいま一度学び，まずは自分のタイプを理解することが心にのしかかる重さを軽減することにつながるかもしれない．

　次の章では，ユングがどのように人の心理を分析したか説明しよう．

第3章 ユングによる人間心理のタイプ

　本書のテーマは，効果的なチームづくりのため，ユングが創始した人間心理のタイプ論から発展したマイヤー-ブリッグスのタイプ指数(MBTI)，ワイルドの線形代数の適用を解説することである．そのため，ユングが残した数多くの業績の中から，人間心理のタイプに関する部分のみを本章で説明する．このタイプ論は，ユング分析心理学の柱の一つである．

　ユング心理学を解説した書物は数多くあり，それらの中では，人間心理のタイプに関する明示的な記述は10％にも満たないことが多い．人間心理のタイプに記述が及ぶとき，必ず警告として説明されているのが以下のことである．これは，いまでも多方面で活用されているMBTIの解説でも同じ注意がなされている．すなわち，

> ここで示す人間心理のタイプは，読者，被験者，あるいはその周りの人のタイプを明示するものではない．人間心理のタイプは，時間の経過とともに変わりうるものであり，また周りの環境，そのときの社会情勢によっても変わる．あるいは，新たに知り合った人の影響を受けて変わるかもしれない．だから，この考察の結果から人をタイプに分けて見ることのないよう注意したい．

　これは，人間を対象としてタイプという色分けを行い，各タイプについて解説するときに，人々が『あの人は，〇〇型だから』と思って対応を変えたりすることに警告を与えるものである．単なる友人付き合いならまだよいが，昨今，MBTIが組織づくりにも適用されるようになって

きた中で，上司が部下の心理タイプを把握したと思ってその査定に影響が出ようものなら大問題だ．人間心理のタイプは，誰が測ろうとしても，結局は自分で用意した不完全な尺度に頼るしかなく，真実の姿は見えない．あくまでも参考程度の結論だと思わなければならない．

　ユングは，まず心理は二つの基本態度タイプ (attitude type)，内基準タイプと外基準タイプに分類されるとし，さらに四つの心理機能タイプ (function type)，思考タイプ，感情タイプ，直感タイプ，感覚タイプを提唱した．

　心理機能タイプのうち，思考タイプと感情タイプは対をなし，ユングはこの二つをまとめて合理的な判断機能と呼んだ．判断機能は，合理的・意識的なものである．また直感タイプと感覚タイプも対で，これらは非合理的・無意識的な知覚機能とした．

　基本態度タイプのペア，内基準・外基準，それに心理機能タイプの2対，思考・感情と直感・感覚，合わせて三つのタイプペアがあるが，1人の心理は各ペアにおいて一方の傾向を示して排他的であり，どっちつかずということはない．ただし，ある心理タイプが強いからといって，その対極の機能がまったくないということはない．ユングは繰り返し，一つの心理機能が強烈になると，その対極タイプが無意識にその暴走を補償するために頭角を現すといっている．

　1人の人間では，2対の心理機能の四つの機能タイプのどれかが，ほかの三つに対して強く，その優勢心理機能タイプと，基本態度が内基準であるか外基準であるかで，その人の心理の主要機能タイプが決まる．つまり，1人の人間を支配する心理の主要機能タイプは，どちらかの基本態度タイプと四者択一の心理機能タイプで決まる．基本態度タイプと心理機能タイプは属性としては独立であるため，2×4の8通りの人間の心理タイプがあることになる．これら八つのタイプを**表** 3.1 にグレーの背景で示す．

表 3.1　ユングによる八つの心理機能タイプ

		知覚機能タイプ		判断機能タイプ	
		感覚	直感	思考	感情
基本態度タイプ	外基準	外基準感覚タイプ	外基準直感タイプ	外基準思考タイプ	外基準感情タイプ
	内基準	内基準感覚タイプ	内基準直感タイプ	内基準思考タイプ	内基準感情タイプ

3.1　基本態度タイプ

　ユングによると，基本的な態度タイプには，内基準タイプ(Introvert)と外基準タイプ(Extrovert)があるとした．カッコ内の英単語の頭文字を太字にしたのは，以後本書では内基準タイプを I–型，もしくは単に I と記述するからである．同様に，E は外基準タイプを表す．1 人の人間が I–型であるか E–型であるかは，その人が主体と客体の関係をどう捉えているかにより分類される．

　ユングが人間の基本態度タイプを記述するのに使用した言葉である Introversion と Extraversion(英・独語とも表記は同じ)は，日本ではこれまで内向性と外向性と訳されてきた．MBTI 指数の説明でも同じ内向・外向が使用され，筆者もそれに倣って，以前の論文ではそう書いていた．人の思考ベクトルが主体の内側を向いているか，客体，すなわち外側を向いているかを表現していると考えれば，至極適切な訳語である．しかし日本語の場合，内向・外向を，特に人のタイプを表現する言葉として聞くと，内向的な人といえばおとなしく，内気で精神的に多少の問題を抱えているという語感が伴うのも事実だ．このため，ユング心理学で使用する内向・外向という言葉は，そういう意味ではないと補足説明が常に伴う．また，いくら意味を違えているといわれても，どうしても内向型と聞くと暗い人というネガティブなイメージがある．

表 3.2 外基準タイプと内基準タイプの比較

E：外基準タイプ	I：内基準タイプ
基準を外部に求める	基準を自分に置く
活動的	思索的
面と向かった対話を好む	文章を書く意思伝達を好む
広く浅い知識を求める	狭く深い知識を求める
広い交友範囲を求める	少数の親友を求める

　本書では，この混乱と誤解を取り払うため，これまでの内向・外向ではなく，内基準・外基準の言葉でこの基本態度タイプを表現する．
　表 3.2 に，二つの基本態度タイプの特徴をいくつか列挙しよう．
　ユングによると，同じ態度で接する母親に育てられた兄弟姉妹でも，早くから違う基本態度タイプを示すことがある．このことより人が I-型であるか，E-型であるかは生まれつきのものであるとしている．この区別は，生命力の弱い種が繁殖力を持って，逆に生殖力の弱い種はその幼児個体を保護することでその保存を果たしているのと同様，生物学的な対立であることを示唆している．そして地域，性別，文化，年齢によってもこの対比は変わらない．

3.2 心理機能タイプ

　私たちは日常生活，さらには非日常生活においても，情報収集と決定を常に繰り返している(筆者の場合，後に詳述する判断心理が感情型ではなく，思考型である．そのため，この文で"決定"と書いたところを"その情報を処理して考えた結果の決定"と書きそうになった．この本を手に取った読者も，思考型の人が多いのではないだろうか．何しろ『設計の科学』シリーズの書籍なのだから．ここでは，筆者の主観は徹底的に排除して，中立でなければならない．しかし，それは大変に難しいことである)．

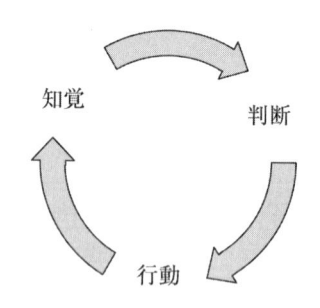

図 3.1 生きることは，知覚，判断，行動の繰返し

　このように行った決定に従って行動をし，その結果をまた受け止め，それに基づいて新たな決定を行う．この繰り返しが人生であるが，これを図示すれば，図 3.1 のようになる．

　人生において，営々と回り続ける図 3.1 のサイクルで，行動はすでに判断がなされた結果を実行しているだけなので，これは心理的機能ではない．心理的機能は，これら三つのうち，知覚機能と判断機能である．

　"Psychologische Typen (心理的タイプ．邦訳は，この中の第 10 章と第 11 章を訳した『人間のタイプ』がある)" の中で，ユングは，基本態度タイプの I-型と E-型を比較して記述したものの，知覚機能の感覚タイプと直感タイプ，さらに判断機能の思考タイプと感情タイプは対比せず，四つの心理機能タイプを二つの基本態度 I-型と E-型の中の小括りとしている．つまり，基本態度タイプが外基準型の人の思考タイプと感情タイプを別々に記述し，二つの機能タイプを合わせて合理タイプとして外基準型の合理タイプについての総括をしている．次に，外基準型の感覚タイプ，直感タイプ，それらを合わせた非合理タイプについても解説する節を設けている．基本態度が外基準の人の各心理機能タイプについての記述をすべて終えた後，今度は各節に対応する内基準型の人の心理機能タイプ論が展開する．

　後出の MBTI 指数，ワイルドの心理機能タイプ論では，心理機能タイ

プの 2 対，思考・感情と，それに直感・感覚の対比は重要なので，ユングの内基準，外基準の 2 箇所にちりばめられた解説をまとめて，以下にこれら心理機能タイプの対照を行う．

3.2.1 知覚機能–感覚タイプと直感タイプ

人間の知覚機能は，判断を行う前に外界からの刺激をそのまま受け入れるものである．よって，この機能タイプ，感覚タイプと直感タイプ二つのどちらかを主要機能として持っている人は，後出の合理的機能タイプの思考・感情タイプに比べて素直である．人間に対する外界からの刺激は，人間の限られた論理や感情に沿うものもあれば，理屈や心象で把握できないものもある．それら現象をそのまま受け入れるのが知覚機能タイプである．

感覚 (Sensing) タイプは S–型，直感 (iNtuition) タイプは N–型である．E・I のペア同様，以降この対には S・N の文字を使用する．感覚タイプの S–型は享受能力が高く，基準は E・I どちらであるかにより，自己の内部にあったり，外部においたりするが，芸術家はこのタイプが多い．これに対して直感タイプは感覚を抑圧して，自己の予感や直感を優先させる．このため，N–タイプは周りに理解されにくい．表 3.3 に，これら二つの知覚機能タイプを対比する．

表 3.3 感覚タイプと直感タイプの比較

S：感覚タイプ	N：直感タイプ
感覚優先	直感優先
順応性が高い	独断的
他人に利用されやすい	周りを気にせず独自的
経験が重要な要因	可能性を追求
芸術素養が高い	安定から逃げ出す

3.2.2 判断機能-思考タイプと感情タイプ

判断の心理機能タイプには，思考タイプ(**Thinking**)と感情タイプ(**Feeling**)がある．文字どおり，この二つ心理機能タイプの違いは，ものごとを判断するときに論理的思考に基づくか，感情に基づくか，どちらの傾向が強いかである．男性は前者が多く，女性は後者が多い．

ちなみに，本書は工学書として執筆しているので，自然読者は男性が多いと思われる．しかし近年は，工学領域にも女性の進出が目覚しく，その影響は工学にも新しい方向を見出すなど多大である．過去には男性に独占されていた感の強い工学では"論理的思考"が重要視され，そのために論理の世界から抜け出せずに無骨な工業製品が多かったが，近頃は，感性工学や意匠設計の重要性が見直されている．ほとんど変わらない性能を持つ同機能の工業製品を並べたとき，人は見た目が気に入ったとか，色が好きとか，おおよそ論理的性能比較とはまったく関係のない要因を基にどれを買うか判断する．工業は，論理的思考に凝り固まって閉塞していたのでは発展しない．工学者が感情タイプだからといって，それが思考タイプに劣後することはまったくなく，むしろ根本的革新の可能性を生み出す土壌づくりには，感情的発散が重要である．

表3.4に，二つのタイプの特徴を示す．

表3.4 思考タイプと感情タイプの比較

T：思考タイプ	F：感情タイプ
思考を基に判断する	感情に沿う判断を好む
独断的で孤立しやすい	協調性が高い
ものごとに懐疑的	許容度が高い
生産的	創造的
理想主義者	自由奔放

3.3 八つの心理タイプの特徴

ユングは，Psychologische Typen の中で，表 3.1 に示した八つの心理タイプの特徴をそれぞれ細かく記述している．一読すると，取り留めのないつぶやき風の記述がいかにもユングらしい．彼がインタビューに応える様子などが YouTube に何本も掲載されているので，興味ある読者は視聴してみるのもいいだろう．

表3.5 知覚機能タイプの特徴

Se：外基準感覚タイプ 　最も強烈，かつ誰でも同様に感じる感覚を誘発する客体が心理の決定的要素で，主観性は抑圧される． 　判断的機能の思考，感情は，感覚が受止めた具体的事実に隷属．直感は抑圧される．推測は，自分が受けた感覚を強化する場合のみ受け入れる． 　享受能力，順応性が高く，外界の事象を信じやすいので，周りの受けは良い．	**Ne**：外基準直感タイプ 　完全に外界の客体に向き，期待を交えて観照し，影響も与える． 　感覚は抑圧される．予感を満足させるため，可能性を最大限に発見しようと，すべてを犠牲にすることがある．外界の可能性にも敏感なため，能力を多方面に伸ばす職業に向く． 　周囲に対する配慮は弱く，自分も安定した性格環境では息が詰まる．不道徳で冷酷な向こう見ずと思われがち．
Si：内基準感覚タイプ 　感覚が心理を主導するが，その中でも主観的部分が基礎となる．外界は刺激となるが，例えば芸術では主観的解釈がテーマとなる． 　外基準の原始的直観は抑圧される．判断機能の思考と感情も抑圧されて主観的知覚をうまく表現できず，自分がわからなくなることがある． 　他人からは，平静，受動的，自己抑制的に見られ，無害な印象のため，攻撃や支配の犠牲になりやすい．	**Ni**：内基準直感タイプ 　内基準であるため，直感は内的に持つ客体に向けられる．自分の意識の背景で起こるあらゆる過程を知覚する． 　あらゆる可能性を求め，自分自身が揺れ動き，他人との関係を意識しないので夢想家と思われる．客体に対する心遣いに欠け，理性と倫理感覚も弱い． 　客観的感覚と判断機能は抑圧されるが，自分の直感の範囲内では許される． 　成功すれば芸術家だが，世間が認めなければ浮世離れした存在となる．

本節では，ユングの記述の中からいくつかのポイントを抽出して表3.5と表3.6に示す．なお，タイプを示すアルファベット文字は，後出のワイルドの表記に従って，大文字で心理機能タイプ，小文字で基本態度タイプを示す．

表3.6 判断機能タイプの特徴

Te：外基準思考タイプ	**Fe**：外基準感情タイプ
理念は，外界の現象，そこからの刺激を基準に形成される． 世の中の多数派意見と同調することが多く，理解されやすい．観測される世界の中で活躍するが，周りからは近視眼的に見える．あふれかえるような事実を受け入れ，基準にしようとするため，その重圧により思考が麻痺することがあり，自分の意見を支持する証拠を集める． 信念を持ち，周りにも客観的事実を基に判断することを求めてしまう．	外界を基準に自己の方向を決定する．環境，特に伝統的・普遍的尺度に心が順応する．心が外基準に従うため，適切な人生の選択を行い，幸福な人生を送ることが多い． 思考が抑圧され，論理的結論でも感情に合わなければ拒否する．そして感情のままに生きていると見られてしまうことが多い． 抑圧された思考は，無意識の否定的思考となって，評価の高いものを感情的，幼児的に否定する．
Ti：内基準思考タイプ	**Fi**：内基準感情タイプ
他人と精神的に密接な関係を持つことはなく，理念は主観的考察から生まれる． 事実は主観をサポートする証拠でしかなく，それが目的となることはない．これより，事実をうまく表現する独創性がある． 主体の思考が優先するため，事実をねじ曲げたり，無視したりすることがある．人に与える印象は冷淡，強情． ただし，自分が安全だと思った他人には無防備になり，利用されやすい．	理念は主観的感情を基準とする． 他人のことには口出しせず，争いを好まず，共存しやすい反面，見知らぬ他人には無関心． 物静かで他人をなかなか受け入れない印象を与え，万事が受身である． いつかは他人の優位に立とうと野心も持っており，その集中的感情が神秘的魅力を帯びることがある．子供に情熱を注ぐのは，この傾向の現れ． 周りからは冷淡，自己中心的に見られやすい．

3.4 主要機能，補償機能，補助機能

人の心理タイプを決定的にしているのが主要機能であるが，そのまったくの対極が補償機能である．前出の二つの表で，各心理機能タイプについてその対角に位置する心理機能タイプが補償機能である．この補償機能は，主要機能に抑圧され，普段は現れないで未発達であり，いざ現れるとなると幼稚，原始的な表出をする．主要機能が強くなりすぎると，バランスを取るために補償機能が現れる．

図 3.1 のように，人生は知覚，判断，行動のサイクルである．そのため，主要機能が知覚機能だからといって判断をしないことはないし，主要機能が判断機能だからといって知覚をしないこともない．心理機能の二つのペア，思考・感情と感覚・直感のうち，主要機能がない方のペアでもどちらかが一方より強いことが多く，これを補助機能と呼ぶ．この機能は心理タイプを決定的にするものではないので，ペアの両方がほぼ同じ程度に現れることもある．

補助機能は，主要機能をサポートするものである．これに対して，補償機能は主要機能とは本質的に相容れないものであるため，主要機能を補助することはなく，主要機能によって徹底的に抑圧，阻害される．

3.5 ユングによる精神疾患発症の説明

分析心理学者であるとともに，精神科の医師でもあったユングは，折にふれて神経症などの疾患が，心理タイプとの関係でどのように発症するかを解説している．例えば，生まれつき一方のタイプであるのに，親の思い込みや社会的な人間関係の中で，無理やりもう一方のタイプに適する生き方や仕事を強いられると，心が激しい葛藤の末に疲弊してしまい，ついには神経症を患うことになる．最近の言葉で表現すると，心が折れるというわけだ．

このような悲劇の例としては，内基準タイプであるのに，外回りの営業職についた場合がある．営業では，お客様の気持ちの高揚を狙って，客体の言動に基準を置くのが圧倒的に有利である．このとき，内基準タイプの人は，自分の信条を客体にも押し付けようとして営業としての成績が伸びなかったり，思いもしないことを口にすることを自分に強いてくたくたになってしまう．

ユングによると，精神疾患にいたる過程は心理に無理強いをするような生き方をしている場合だけではない．自分の心理タイプに従順に生きている場合でも，その心理タイプが強くなりすぎ，抑圧されていた補償

表 3.7 知覚機能タイプに見る精神疾患の発症

Se：外基準感覚タイプ	Ne：外基準直感タイプ
この心理の増長とともに補償機能の主体的直感が客体に投影され，嫉妬からあらぬ空想をしたり，不安の強迫症候が現れる． 強力な感覚機能に抑圧された未発達な直感機能は，幼稚で，屁理屈，偽善，迷信を表出して神経症にいたる． 強い猜疑心を抑える正しい判断機能も抑圧されて未発達なため，治療は強制手段をとることがある．	このタイプでは，現実感覚が意識面から抑圧され，例えば自分とはまったく違うタイプの異性がその原始的感覚を刺激すると，強く引きつけられて離れられない強迫症候となる． この直感機能が増長すると，抑圧されている合理的な判断機能からの制約が強まり，その制約を払いのけようと神経症に陥り，強迫症候を呈する．
Si：内基準感覚タイプ	Ni：内基準直感タイプ
この心理が強くなると，現実が正しく理解できなくなり，判断機能まで影響を受けて現実と主体的知覚の区別ができない精神障害となる． 抑圧される直感は原始的で，現実の背景にある暗い，危険なものを知覚する．適度に感覚をけん制するのはいいが，感覚が強大になると直感が表出し，自分の意見を無理強いをしたり，破壊的な強迫神経症が発症する．	この心理が高じると，外基準感覚機能が最も抑圧され，外界からの刺激が意味を持たなくなるので，神経刺激伝達障害になりやすい． さらに補償機能の外基準感覚機能が，幼稚な衝動，無軌道，感性過敏となって現れることがある． もっと悪化すると，感覚と判断の機能が，客体への異常繋縛を伴う強迫感覚が発生して強迫神経症となる．

機能が励起されて葛藤が生じる．

表 3.7 と**表** 3.8 に，各心理タイプにおいて精神疾患がどのように現れるかユングの解説をまとめる．

以上，ユングが，Psychologische Typen の中での各心理機能タイプについての解説で精神障害について記述している部分を抽出した．まずは，自己の心理の主要機能タイプが八つの内のどれであるかを知り，自分にはどのような危険があるかを知ることは，精神障害を予防する意味において重要である．あるいは，これらの記述を読んで，"軽いうつ"などの

表 3.8 判断機能タイプに見る精神疾患の発症

Te：外基準思考タイプ	**Fe**：外基準感情タイプ
外基準思考が強烈になると，対極の感情的活動，芸術，趣味，友人づきあい，情熱などが意識から駆逐される．しかし，人間として，やがてその思考のみの生活に疲弊し，感情的活動が意識生活を妨害する神経症にいたる． 　優れた研究者が，自らの思考の真実を信ずるあまりのデータ捏造，聖職者や教育者による破廉恥行為などがその例である．	外基準性が強くなりすぎると，様々な客体に感情まで追従するようになり，ほかからは気まぐれに見える．そして感情表現の誇張と変化のために信用をなくし，さらに強い感情表現に頼って悪循環を起こして分裂にいたる． 　思考は抑圧されているため，原始的・幼児的．感情心理が強くなりすぎると，思考が無意識にその幼児的表現を行ってヒステリーとして表出する．
Ti：内基準思考タイプ	**Fi**：内基準感情タイプ
主観的要因が真実と信じるあまり，外界事実の無視に始まり，やがて自分しか存在しない世界を心の中につくり上げる．結果，生き続けるために，ほかの原始的な心理機能に頼るしかなく，無意識に幻想的内生事実が集められる． 　ところが自我の意識は，無意識の事実を集めたほかの心理機能への移動を拒み，自我が分裂，神経症を発症し，心が衰弱する．	この心理が高まると神秘性を帯び，外基準型異性の無意識を大いに引きつける．この感情が高じると自惚れ，わがまま，さらには明らかな野心，残忍な行為として表出する神経症となる． 　抑圧された思考が自我より上位のものを認識している場合はよいが，感情の強大化により，思考は他人に対する猜疑心を強め，心が疲弊，神経衰弱症や，貧血などの身体的症状まで現れることがある．

言葉で表現される，発症の一歩手前にいることを発見するかもしれない．

　自己の主要機能がどの心理タイプであるか，ここまで読んで薄々気がついた読者もおられよう．自分の主要心理タイプがどれか，大いに気になるところであるが，その判定は後の章に譲り，いまは先入観を持たずに読み進めていただきたい．

第4章　MBTIタイプ

　MBTIは，Myers-Briggs Type Indicatorの略で，そのどちらの文字列もMyers-Briggs Type Indicator Trustの米国およびその他の国々の登録商標である．ブリッグスとマイヤーズ母娘がユングの心理的タイプに感化されたことは書いたが，ユングは**E・I**の二つの基本態度タイプに，**S・N**, **T・F**の四つの心理機能タイプを掛け合わせて八つの心理タイプを提唱したのに対し，ブリッグスとマイヤーズは新たなペア，判断(Judging)と知覚(Perceiving)を提唱し，既出の3ペアと合わせて四つのペアがあるとした．そして，1人の人間を考えるとき，四つのペアから一つずつタイプが適用し，その組合せは全部で16($=2^4$)あるとした．

　ただし，ここでMBTIをわかりにくくしているひねりが一つある．知覚，判断のペアは，単純に知覚をより好むか，判断をより好むかを区別するのではなく，"外界と接するときに"と決められている．その理由を類推すると，以下のように考えられる．

　(**E・I**), (**S・N**), (**T・F**)の三つのペアから，1人の人間に当てはまる基本態度，知覚心理，判断心理のタイプを選ぶことはできる．(**E・I**)から選ばれるのは基本態度タイプだからそれでよいが，(**S・N**), (**T・F**)の二つのペアからは二つの心理機能タイプ，知覚の心理機能と判断の心理機能が選ばれる．そこで，どちらをその人の主要機能とするか判断に迷う．そこで新たに考えた四つ目のペア，(**J・P**)のどちらかを選ぶときにそれを外界との接触に限定することで，次のようにその人の主要機能を決めてやることができる．以下では，議論のため，このペア(**J・P**)を外向態度と呼ぶ．

・基本態度が外基準 E のとき：
　外向態度が P：知覚機能 (S・N) の選ばれたほうが主要心理機能である．
　外向態度が J：判断機能 (T・F) の選ばれたほうが主要心理機能である．
・基本態度が内基準 I のとき：
　外向態度が P：判断機能 (T・F) の選ばれたほうが主要心理機能である．
　外向態度が J：知覚機能 (S・N) の選ばれたほうが主要心理機能である．

つまり，外基準の人は判断，知覚ペアのどちらから選ばれた機能が主要心理機能となるかを外向態度が決め，内基準の人は判断，知覚ペアの外向態度と違うほうから選ばれた機能が主要心理機能となる．

表 4.1 に，MBTI の 16 の心理タイプを示す．背景グレーの文字列は，4 文字で表現された MBTI タイプの後に [主要機能タイプ]−[補助機能タイプ] を表し，その直下に主要機能タイプを太字で，補助機能タイプをカッコ内に示してある．

表 4.1　MBTI の 16 の心理タイプ

ISTJ　Si−Te	ISFJ　Si−Fe	INFJ　Ni−Fe	INTJ　Ni−Te
内基準感覚	内基準感覚	内基準直感	内基準直感
(外基準思考)	(外基準感情)	(外基準感情)	(外基準思考)
ISTP　Ti−Se	ISFP　Fi−Se	INFP　Fi−Ne	INTP　Ti−Ne
内基準思考	内基準感情	内基準感情	内基準思考
(外基準感覚)	(外基準感覚)	(外基準直感)	(外基準直感)
ESTP　Se−Ti	ESFP　Se−Fi	ENFP　Ne−Fi	ENTP　Ne−Ti
外基準感覚	外基準感覚	外基準直感	外基準直感
(内基準思考)	(内基準感情)	(内基準感情)	(内基準思考)
ESTJ　Te−Si	ESFJ　Fe−Si	ENFJ　Fe−Ni	ENTJ　Te−Ni
外基準思考	外基準感情	外基準感情	外基準思考
(内基準感覚)	(内基準感覚)	(内基準直感)	(内基準直感)

4.1 タイプダイナミックス

MBTI は，(E・I), (S・N), (T・F), (J・P) の四つのペアから 1 人の心理を記述するタイプを一つずつ，計 四つ選び，その後はルールベースでその人の心理タイプを記述していく．上述の主要心理機能の決定法も一つのルール，すなわちタイプダイナミックスの一つである．

この表 4.1 を見てすぐ気づくことに，主要心理機能が内基準であれば，補助心理機能は必ず外基準，逆に主要機能が外基準の場合は，補助機能は内基準であることだ．これもまたタイプダイナミックスのルールである．すなわち，補助心理機能タイプの基準は，主要態度タイプの基準と逆向きになる．

2008 年，タイプダイナミックスに対して統計的な反例をハーカー (John B. Harker) と共著で六つも示したライニアース (James H. Reynierse)は，2009 年に "The Case Against Type Dynamics (タイプダイナミックスの反例)" という論文を，30 年以上 MBTI に関する論文を出版し続けた心理タイプ誌 (Journal of Psychological Type) に発表し，大きなセンセーションを呼んだ．

それまでも，タイプダイナミックスはその信憑性を議論されたようだが，2009 年のライニアースの結論，最後の文は辛らつだ．

"The time has come for the type community to abandon their enthusiasm for type dynamics and to discard it. The provisional nature of science and the ethical use of type both demand it."
(和訳) 自分たちが夢中になっているタイプダイナミックスをタイプ業界がそろそろ捨てる時がきた．科学に求められる仮説立証の点からも，タイプを適用するときの道徳的観点からもその破棄が求められている．

4.2 MBTIの功績

ワイルドは，しかしその著作の中で，タイプダイナミックスは破棄する必要はなく，多少の修正が必要なだけで，MBTI はもっと強力なツールになると明言している．そしてわざわざ "MBTI 創始者イザベル・マイヤーズへの敬意" と題する節を設けて，以下のように賛辞を送っている．その一部を引用しよう．

"New endeavors usually are led by pioneers who bravely push past obstacles into the dangerous future, where they must make approximate estimates (guesses) to get started. Later, to continue progress, their followers must find and correct the earlier mistakes. Correcting such errors means no disrespect to those whose vision and enterprise were essential to get things started.

Isabel Myers deserves special recognition for her initiative in developing and testing the MBTI, her willingness to guess and approximate, her literary skill in writing type descriptions and manuals, her enterprise in promoting the MBTI, her making the MBTI simple and easy to use, and her development of talented supporters to carry on the work."

(和訳) 新しい試みは，将来の危険を顧みないで勇敢にも障害を乗り越えていく創始者によってなされるものである．最初の 1 歩は，大体の見積もり(推測)をやらなければ始まらない．その後も発展を続けるためには，後から続く者は，初期の間違いを見つけ，正さなければならない．そのような修正は，いなければ始動もできなかったであろう人の眼力や起業精神に汚名を着せるものでは決してない．

MBTI を開発し，実行した指導力，推測や見積もりを恐れなかったこと，タイプを巧みに記述しマニュアルをつくり上げた文章力，

MBTI を広めた起業力，MBTI を簡単で使いやすいものにまとめたこと，事業継続のために才能ある後継者を育て上げたことなど，イザベル・マイヤーズには特別な敬意を払わなければならない．

MBTIは，年間何百万人もの人が受ける．それがここまで発展した背景は，このワイルドの賛辞に凝縮されている．すなわち，解読が難しいユングの文章を万人にわかりやすい平易な言葉で表現し，誰でもが簡単に挑戦できる MBTI 質問集を開発したこと，そして結果の解釈もわかりやすく解説したことだろう．

手法の開発だけではなく，マイヤーズは家族や友人にも助けられ，MBTI 質問集を実践する機会に恵まれていた．そして試行錯誤，修正を重ねながらフィラデルフィア銀行，ジョージ・ワシントン医科大学や，いくつかの看護学校を自ら訪ねてデータ収集を重ねた．その不思議な心理タイプの分析法はやがて，日本で TOEIC でおなじみの Educational Testing Service (ETS) の知るところとなり，アラバマ州アーバン大学 (Auburn University)，ミシガン州立大学 (Michigan State University)，フロリダ大学 (University of Florida) などのマンモス校でも実践の機会を得た．

第5章 チームづくりの数学

5.1 ユングの機能タイプに関する解説再考

　前章で見たように，MBTIは1人の人間を対象として，四つの心理タイプペア (E·I), (S·N), (T·F), (J·P) から一つずつ選択し，選ばれた四つの心理タイプから，タイプダイナミックスというルールベースの規則によって，その人の主要機能タイプと補助機能タイプを提示する．

　4次元の問題で，各次元では与えられた2値のうち，どちらかを選択するしかなく，結果は2の4乗，つまり16通りになる．このように，MBTIは人の心理タイプを定性的に見定め記述している．そのうえで，選ばれる16通りの組合せにより，主要機能タイプと補助機能タイプを示している．

　ここで，前章の表4.1をもう一度見てみよう．四つの心理タイプを表す4文字の組合せの右に，そのタイプの主要機能と補助機能を書いてあるが，主要機能が判断機能であれば補助機能は知覚機能，また逆に主要機能が知覚機能であれば補助機能は判断機能である．これは図3.1に示したように，生きることは知覚，判断，行動の繰返しなのだから，心理が知覚機能だけでは知覚–行動の繰返しとなって下等動物，あるいは植物と変わらなくなってしまうし，知覚機能がなくて判断–行動だけでは，ハメルーンの笛吹きに導かれて崖から川に飛び込んだネズミのように死ぬしかない．つまり，人は判断機能と知覚機能のどちらも持ち合わせており，また，その両方とも持っていなければ破滅する．人によってそのどちらかが他方より強いだけである．

　表4.1に見たもう一つの規則は，主要機能と補助機能は必ず基本態度の基準が逆であること，すなわち主要機能が内基準であれば，補助機能

は外基準，主要機能が外基準であれば補助機能は内基準であることだ．これは，タイプダイナミックスがそのルールでそう決めているのだから，MBTIでは当前そうなる．

ワイルドは，このタイプダイナミックスのルール，主要機能と補助機能の基本態度は逆になるというMBTIの解釈を否定した．そして，MBTIのこの解釈の原因をユングの"Psychologische Typen"に見つける．もちろん，ワイルドは英語訳の"Psychological Types"を読んだわけだが，自身の著書にも引用したその英訳文は，以下のとおりである．

Experience shows that the secondary function is always one whose nature is different from, though not antagonistic to, the primary function.

高橋義孝による和訳『人間のタイプ』の対応する部分は，以下のとおりである．

経験によれば，第二次機能とは常に主要機能と違ってはいるが，これと背馳はしないような本質を持った機能である．

この問題の文は，外基準態度と思考，感情，感覚，直感の各機能，内基準態度と思考，感情，感覚，直感の各機能を詳しく述べた後に，わざわざ主要機能と補助機能という節を設けた中に記されている．ワイルドが指摘したように，この節では機能についての記述はなされているが，基本態度タイプについての言及はない．この文の前後をよく読んでみると，ユングがいったことは主要機能と補助機能の組合せは，表5.1の8種類に限定されるということである．例えば，主要機能が判断機能の思考タイプであれば，補助機能は同じ判断機能のもう一方である感情タイプになることはなく，必ず知覚機能の感覚タイプか直感タイプのどちらかになるということである．

これは主要機能が例えば思考タイプであれば，それに真っ向から対立する同じ判断タイプの感情は徹底的にその人の意識から排除されるから

第5章 チームづくりの数学

表5.1 ユングによる主要機能と補助機能との関係

主要機能		補助機能	
判断	思考タイプ	直感タイプ / 感覚タイプ	知覚
	感情タイプ	直感タイプ / 感覚タイプ	
知覚	直感タイプ	思考タイプ / 感情タイプ	判断
	感覚タイプ	思考タイプ / 感情タイプ	

と，ユングはその理由も明言している．主要機能が知覚タイプのどちらかであれば，やはり同じ理由で補助機能は判断タイプのどちらかになる．

つまるところ，MBTIは主要機能と補助機能では，判断タイプか知覚タイプは相反するとルールを決めたのはユングの主張と合致しているが，さらに主要機能と補助機能では基本態度タイプの基準までが相反すると言ったのである．

ユングの"Psychologische Typen"をよく読むと，その勘違いもしかたないのかもしれない．各基本態度を持った主要機能タイプ詳述のそこここに，抑圧される機能は，基本態度タイプが主要機能のものと反対で，主要ではない残り三つの機能であるとされている．例えば，内基準思考タイプの解説では，日本語訳本に以下の記述が見られる．

> この(内基準型の)思考に対立するものとして存在するところの，相対的に無意識な三つの機能 — 感情・直感および感覚 — は劣等機能であって，原始的な外基準的性格を持っており，内基準的思考タイプの人間をがんじがらめにする客体からの不愉快な影響は，すべてこの性格から起こるものである．

表5.1を見ると，主要機能タイプと補助機能タイプの組合せは全部で8通りあるが，各主要機能タイプに内基準と外基準の2通りがあり，こ

こで補助機能が内基準であるか，外基準であるかが主要機能タイプの逆と従属的に決まるとすると，タイプの組合せはその8通りの2倍，すなわち16通りとなる．これがMBTIの(E·I), (S·N), (T·F), (J·P)の四つのペアから生み出される16通りの組合せとうまく合致して誠に都合がいいわけである．

しかしワイルドは，線形代数を適用した定量分析と，実際にデータを提供した生徒の中で，主要機能と補助機能の組合せが，MBTIが提唱する16通りの分類からはみ出すものがいることを発見したのである．そして，この結果はライニアースらが報告した反例をうまく説明した．

MBTIではその存在が否定されたものの，ワイルドとライニアースらにより，それぞれデータに裏づけられた心理タイプは，主要機能も補助機能も，基本態度タイプが同じ，例えば，内基準思考タイプが主要機能で，補助機能が内基準直感タイプの人である．表4.1の表記では，**Ti-Ni**となるが，同表ではそのような組合せは表記されていない．

ワイルドは，このように主要機能も補助機能も同じ基本態度となる心理タイプを持つ人をdoublevert，その現象をdoubleversionと呼んだ．そのまま訳せば二重心理とでもなるが，ここでまた英語のdoubleと日本語の二重という言葉の持つ語感の違いで誤解を生みかねない．本書ではdoublevertを主要機能も補助機能も同一の基本態度の心理タイプとして単一基本態度タイプと呼ぶ．単一基本態度タイプも合わせると，主要機能 - 補助機能の組合せは32通りとなる．

本章では，以下の節でワイルドによるユングの心理タイプ定量分析を解説する．

5.2 基本態度タイプ(E·I)

ワイルドも，出発点はユングと同じである．つまり，人間の基本態度は内基準の**I**-型と外基準の**E**-型にまず分けられる．ここで，MBTIと

同じ手法でアンケートに答えてもらう形で，分析の対象としている人がI-型かE-型かを見極める．MBTIでは結果はIかEのどちらか，すなわち選択は2値のどちらしかないが，ワイルドはその点数をその後の分析に使用する．代数的に考えると，E–Iの軸が1本あり，被験者心理の基本態度タイプが，その軸でどの値を取るのか見極めるのである．

2008年の著書，"Teamology(チーム学)"では，MBTIとの整合を考えて五つ用意した設問の得点を6倍して30点満点としていたが，その後の"Jung's Personality Theory Quantified(定量化されたユングの性向論)"では満点を100%としてわかりやすくしている．本書では，後者の数え方を採用する．すると，人はその基本態度タイプが内基準であるか，外基準であるかによって，図5.1の軸でどこかに落ち着くことになる．

ユングは，人の内基準・外基準性ははっきりしており，どっちつかずという人はほとんどいない．このため，(E・I)タイプの分布は，通常の散らばりのようなベル形の正規分布ではなく，図5.1に示す軸の中心の両側にふたこぶ駱駝のような分布と思われる．

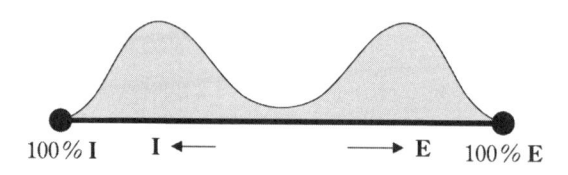

図 5.1　基本態度タイプ軸とユングによる(E・I)タイプの分布推察

しかし，人のタイプはこのように顕著な2極の分布を示すバイモーダルではなく，むしろ中心に散らばりが多い正規分布に近いデータが報告されている．この理由は，(E・I), (S・N), (T・F), (J・P)の四つのペアで，いずれもどちらかに偏ったタイプを持つ人が少ないからだろう．(E・I)では顕著に外基準の人でも，判断性(T・F)，知覚性(S・N)，あるいは次

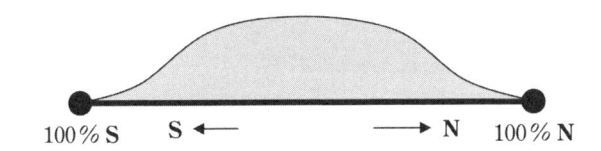

図 5.2　基本態度タイプ以外のタイプの定性的分布推察

節で説明する硬軟性 (**J·P**) においては，どっちつかずと言うことが多い (図 5.2).

　本章後半で示すユングが提唱した八つの心理機能タイプの対角線軸上では，マクロ的には正規分布に近い分布になるのだろうか．本書でも第 6 章に実データを示しているが，微妙だ．マクロ的に見ると，確かに正規分布に近いが，よく見ると中心がずれたバイモーダルだったり，正規分布でも中心のデータが少ないいびつな形をしたりしている．これはもっとデータを集めて統計処理をしなければならない将来の課題である．

　ワイルドが用意したアンケートの **E·I** タイプに関する五つの質問は，表 5.2 の通りである．これら二者択一の設問に対して，ワイルドはどちらか判断がつかなかったら，どちらも選ばなくてもよいし，両方の答えが同程度にどちらも自分に当てはまると思えば両方を選んでもよいとしている．アンケートに答える者としてはこれで，ずいぶん緊張が解けて気楽に答えられるようになる．

表 5.2　基本態度心理タイプ (**E·I**) を定量化するためのアンケート

EI 1	あなたはどちらかというと	e) 社交的である	i) おとなしい
EI 2	表現をするときは	e) 人を意識する	i) 自分で満足する
EI 3	活動は	e) グループでやりたい	i) 1 人がいい
EI 4	新しい知見を得るのは	e) 聞いて得る	i) 読んで得る

　得点を算出するときは，e), i) の選択数の多いほうから少ない方の数を引き算する．1 問 1 点とすると，すべての設問に対して同じ側を選択した場合，5 点となる．このため，ある設問に用意された答えの両方を選

択しても，どちらも選ばなかったのと同じことになる．最大100％とするので，素点を20倍して自分の基本態度の心理タイプがパーセンテージで定量表現される．こうして得られる結果は，0％から20％刻みに100％まで，i)の選択数が多ければ **I**–型，e)が多ければ **E**–型になる．例えば，すべての設問に対して，すべて i)を選べば100％ **I**–型だし，i)を一つ，e)を二つ，両方選んだのが一つ，どちらも選ばなかったのが一つとすると，(3–2)×20＝20％の **E**–型である．

5.3　硬軟態度タイプ(**J**·**P**)

ユングは，次に四つの機能タイプに突き進んでいったが，ワイルドはその前に，人間の心理タイプを判断領域と知覚領域に分けることを考えた．そこで利用したのが，MBTIが四つ目の心理タイプとして定義した(**J**·**P**)心理である．

ユングは，(**E**·**I**)を心理の基本態度タイプ，(**S**·**N**), (**T**·**F**)の二つのペアを心理機能タイプとした．(**S**·**N**)が知覚時に人が好んで使用する心理機能タイプであり，(**T**·**F**)が判断時の心理機能タイプである．MBTIは四つ目のペア，(**J**·**P**)を外向態度タイプの判断(**J**)と知覚(**P**)とし，基本態度タイプが外基準 **E**–型の場合，(**J**·**P**)がどちらになるかで主要機能が判断タイプペア(**T**·**F**)から選ばれるか(**J**の場合)，知覚タイプペアから選ばれるか(**P**の場合)，直接決めるとした．逆に基本態度タイプが内基準 **I**–型の場合，(**J**·**P**)の選択されなかったほうが主要機能を決める．

MBTIでは，基本態度タイプが内基準 **I**–型時に(**J**·**P**)の選択が，主要機能の決定では見かけ上逆転することが，ワイルドは基本態度タイプの領域での変数変換によって，後半の心理機能タイプの見極めを完全に独立な二つの問題として扱えることを示した．その変換は，単純な線形変換である．また，ワイルドはこの(**J**·**P**)ペアを判断と知覚と呼ぶことが，二つの領域，すなわち判断と知覚の領域とで混乱を招いていることを指

表 5.3　硬軟態度心理タイプ (**J**·**P**) を定量化するためのアンケート

JP1	あなたは	j) きっちり仕事をこなす	p) 適当なところがある
JP2	何かの行事では	j) しっかり計画する	p) 計画ではすべてを考えない
JP3	仕事はい	j) 締切りがない方がいい	p) 締切りがあったほうがい
JP4	選ぶときは	j) 決まった手順に従う	p) いろんな選択肢が欲しい
JP5	やることは	j) 系統的にこなす	p) あちこち手をつけてしまう

摘している．ただし，ここでまた違った文字ペアを新たに導入してさらなる混乱を招かぬよう，あくまでも文字は (**J**·**P**) であるが，そのどちらかを見極めるためのアンケートは，被験者の"柔軟性"と"構造性"を比較するような表 5.3 の 5 問となっている．このことより，筆者は，この (**J**·**P**) で評価される心理態度タイプを硬軟態度タイプと呼ぶ．

点数とパーセンテージの扱いは，先の (**E**·**I**) ペアの結果にならう．こうして 2 組の設問に対する解答を評価して，1 人の心理タイプについて二つの態度タイプ (**E**·**I**) と (**J**·**P**) が定量化される．注意したいのは，例えば自分が 60％ **I**-型となったとすると，残り 40％ が **E**-型なのではなく，**E**-型としての得点は，あくまでも -60％ であるということだ．(**J**·**P**) の定量評価でも同じことが言える．以降の混乱を避けるためにも数式で書いておく．また，後に定量化される (**S**·**N**), (**T**·**F**) の二つのペアでも，1 人の心理タイプについてはそれぞれの変数で同様の関係が成り立つ．次式において各項は，それぞれのタイプが 100％ をフルスケールに定量化されたときのパーセンテージのスカラー量である．タイプの記述では太文字を使用したが，これらはスカラー量なので通常フォントである．

$$I + E = 0 \tag{5.1}$$

$$J + P = 0 \tag{5.2}$$

$$S + N = 0 \tag{5.3}$$

$$T + F = 0 \tag{5.4}$$

次に，ここまでのアンケートで定量化された態度タイプを (**J**·**P**) 心理

を横軸，(E·I)心理を縦軸に図式化する．

ワイルドは，この図で縦横の軸を双方向軸として原点を中心に放射状に伸びる 4 軸 E, I, J, P を定義している (図 5.3)．ただし，1 人の心理が E 軸と I 軸で取る値は式 (5.1) を満足し，同様に J 軸と P 軸の値も式 (5.2) に従うので，縦横どちらの方向でも，正の心理は二者択一の軸を選

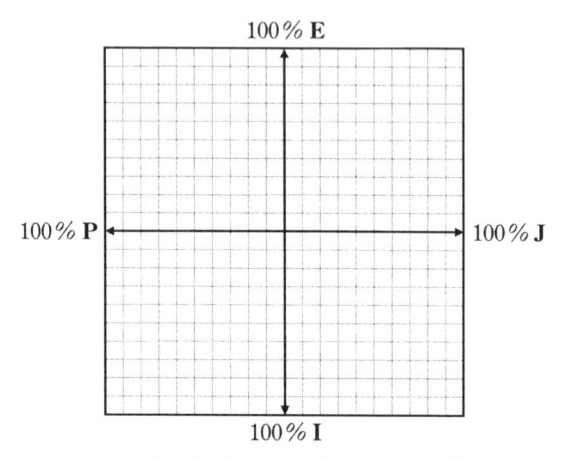

図 5.3 (E·I) と (J·P) 態度タイプ軸

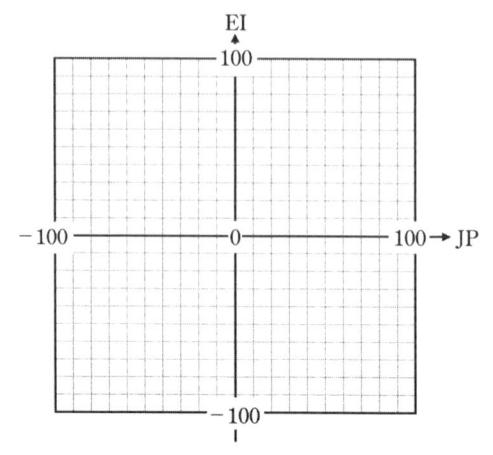

図 5.4 EI 軸と JP 軸で定義する心理態度タイプ平面

択することになる．

　ここで，横軸 x，縦軸 y の二次元平面を数学の授業で見慣れた読者のために，横に JP 軸，縦に EI 軸を定義する．JP 軸の値が正になる場合は J-型の心理だし，負になる場合は P-型の心理である (図 5.4)．

　次に，例として先のアンケートを行った結果，60％ E-型，20％ P-型となった人がいたとしよう．この人の心理態度は，EI 座標が 60，JP 座標が –20 となるので，心理態度タイプ平面に図 5.5 のようにプロットできる．

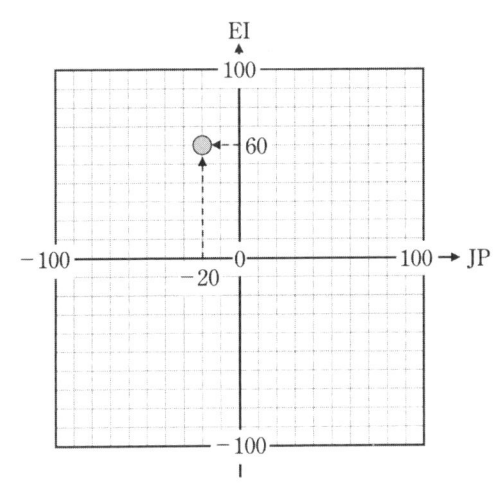

図 5.5　60％ E，20％ P の人の心理態度タイプ平面上の位置

5.4　プラトニック変換による独立領域への分離

　プラトニックラブの語源を担う古代ギリシアの哲学者プラトン (Plato, BC.427 年～BC.347 年) は，その著書 "国家 (Politeia)" で理想的な状態，イデアについて述べている．正多面体は，英語でプラトニックソリッド (Platonic Solid) と呼ばれ，正四面体，正六面体，正八面体，正十二面体，正二十面体の 5 種類がある．すべての面が合同な正多角形で構成され，

すべての頂点は同じ数の面の角である凸多面体である．三次元空間中に定義できる平らな面を境界とする閉じた立体では，これら以上に均一な(理想的な)ものはない．また，正六面体と正八面体，正十二面体と正二十面体はそれぞれの双対となっており，正四面体の双対は正四面体である．双対とは，立体の頂点と面を入れ替えた立体をいう．

　私たちに最もなじみの深い正多面体は正六面体，すなわちサイコロの基本形となる立方体であろう．この立方体からその双対の正八面体をつくるには，立方体の六つの面の重心に頂点を置き，この6個の頂点を包む凸多角形を定義すればよい．視覚的には，元の立方体で相接する二つの面の重心を稜線で結べば，双対となる正八面体の枠組みは定義される．さらに，元の立方体の各頂点を立体の中心に向かって平面で押し込んでいくと，ちょうどその押し込まれる面が，双対となる正多面体の面の位

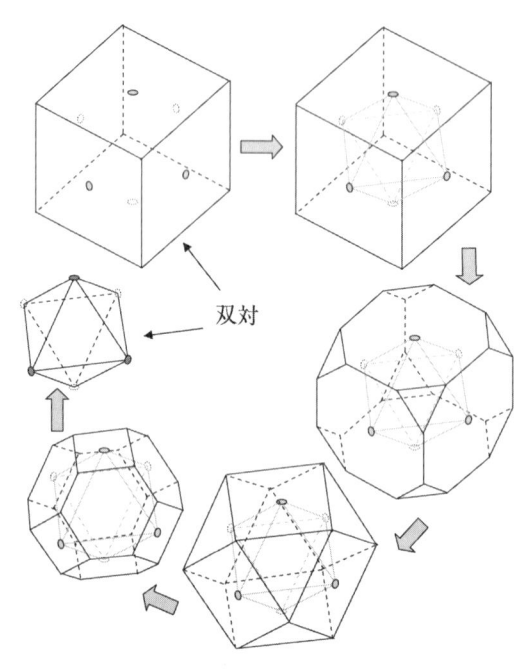

図 5.6　正六面体と正八面体は互いの双対

置でその面のすべての頂点と同時に達して止まる．文字で書くと小難しいが，図5.6 で考えるとわかりやすい．この正八面体に同じ操作を行うと，さらに小さな正六面体が出現する．

　上記で正多面体の解説を行ったのは，ワイルドによる次の変数変換の背景となるためである．3次元空間と違い，2次元平面では正多角形は無数に存在する．図5.4 に示した心理態度タイプ平面では，1人の心理態度が取りうる位置は図中正方形の外周，およびその内点に限定される．つまり，心理態度タイプは心理態度タイプ平面の JP 軸 -100 から 100 と，EI 軸 -100 から 100 で囲まれる正方形に限定されている．これを心理態度タイプの領域と呼ぶ．

　この心理態度タイプの領域において，極限の状態を考えてみると，(JP, EI) = (100, 100), (-100, 100), (100, -100), (-100, -100) の四つ，すなわち図5.4 の正方形の四つの頂点にある心理態度タイプである．これら四つの頂点はプラトンの理想，すなわちこれ以上動きようのない極限状態を示している．これら4頂点を通るような直交座標系を，まず放射状に4軸を定義したワイルドの記法に従って書くと，図5.7 のようになる．

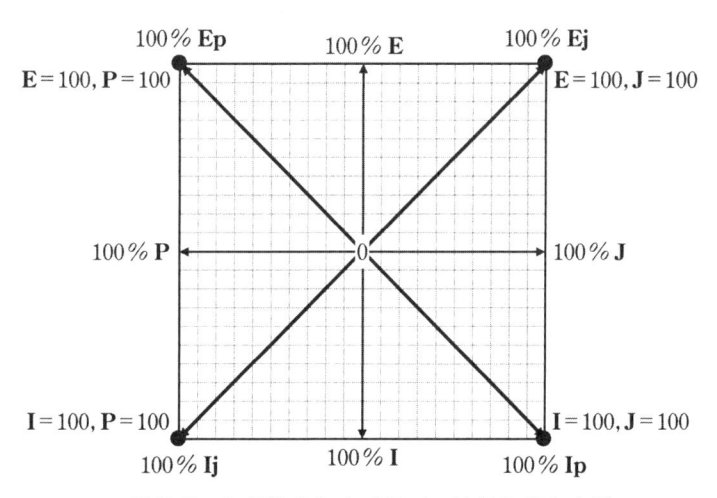

図 5.7　心理態度タイプ平面の放射状双方向軸

プラトンの理想は，図中の四つの頂点である．

ここで，100% $\mathbf{Ip}$ が 100% $\mathbf{I}$, 100% $\mathbf{J}$ のところにあるのが奇異に見えるかもしれない．同様に，100% $\mathbf{Ij}$ は，100% $\mathbf{I}$, 100% $\mathbf{P}$ のところにある．この理由は，変数 $\mathbf{Ep}$, $\mathbf{Ip}$ は，この後で知覚領域の心理機能を見定めるのに使用する変数であり，$\mathbf{Ej}$, $\mathbf{Ij}$ は判断領域で使用するからである．基本態度タイプが外基準 $\mathbf{E}$ のときは，知覚領域には柔軟性の $\mathbf{P}$ が影響し，判断領域には構造性の $\mathbf{J}$ が影響する．一方，基本態度タイプが内基準 $\mathbf{I}$ の場合，知覚領域には構造性の $\mathbf{J}$ が影響し，判断領域には柔軟性の $\mathbf{P}$ が影響する．このため，基本態度タイプが $\mathbf{E}$–型の時と $\mathbf{I}$–型のときとでは，知覚領域と判断領域に影響するのは，硬軟態度心理タイプ ($\mathbf{J}\cdot\mathbf{P}$) の違う方であるということだ．

図 5.7 を図 5.4 のように，$\mathbf{Ej}$ と $\mathbf{Ij}$ を合わせて一つの $\mathbf{Ej\,Ij}$ 軸，$\mathbf{Ep}$ と $\mathbf{Ip}$ を合わせて一つの $\mathbf{Ep\,Ip}$ 軸とすると，図 5.8 の 2 次元平面に表される．

図 5.8 には二つの座標系の直交軸が 2 組書き込まれているので少しわかりにくいが，四つある極限値，プラトンの理想のうち，例えば $\mathbf{Ej\,Ij}=$

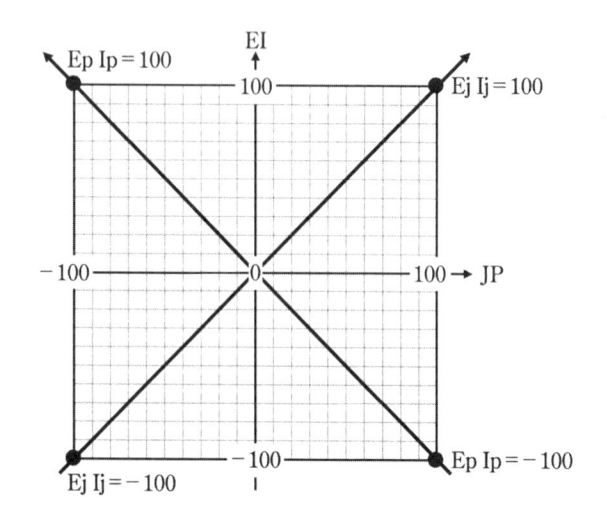

図 5.8 心理態度タイプ平面の二つの座標系

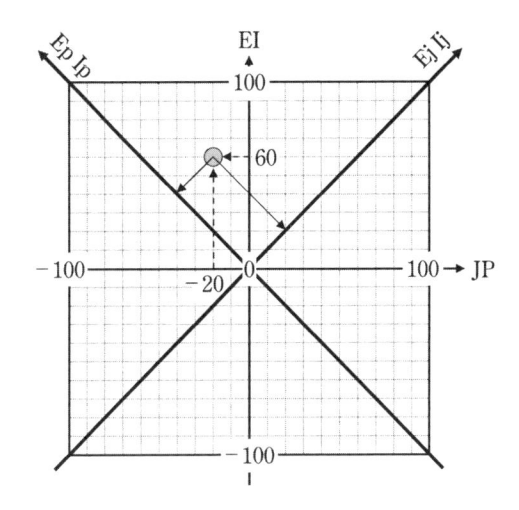

5.4 プラトニック変換による独立領域への分離

図5.9 心理態度タイプ平面の二つの座標系で見る 60％ E, 20％ P の人の心理態度タイプ位置

100 の頂点は，元の JP-EI 座標系では (JP, EI) = (100, 100) なので，図中では新たな座標系になっても位置が変わらない．図 5.5 で見た 60％E, 20％P の人の心理態度タイプ平面における位置も，座標系が Ej Ij-Ep Ip に変わっても位置はそのままなので，新しい座標系での座標値は，その位置をそれぞれの軸に垂直に投影すればよい．そうすると，図 5.9 のように (Ej Ij, Ep Ip) = (20, 40) となる．ここで Ej Ij-Ep Ip 座標系での距離 1 単位は，JP-EI 座標系では $\sqrt{2}$ であることに注意しなければならない．

この JP-EI 座標系から Ej Ij-Ep Ip 座標系への変換は，座標系を原点を中心に反時計回りに 45°回転させ，$\sqrt{2}$ 倍に伸ばした線形変換である．すなわち，二つの座標系の座標値を 2 次元ベクトルの成分とし，その関係を行列の計算式で書くと，以下のようになる．

$$\begin{pmatrix} EjIj \\ EpIp \end{pmatrix} = \frac{1}{\sqrt{2}} \begin{pmatrix} \cos 45° & \sin 45° \\ -\sin 45° & \cos 45° \end{pmatrix} \begin{pmatrix} JP \\ EI \end{pmatrix} \quad (5.5)$$

さらに，三角関数が出てきて少しややこしくなった様相を呈するが，

これからワイルドが導いた以下の簡単な関係が得られる．

Ep は，**E** と **P** の平均	**Ep** = 1/2 (**E** + **P**)	(5.6)
Ej は，**E** と **J** の平均	**Ej** = 1/2 (**E** + **J**)	(5.7)
Ip は，**I** と **J** の平均	**Ip** = 1/2 (**I** + **J**)	(5.8)
Ij は，**I** と **P** の平均	**Ij** = 1/2 (**I** + **P**)	(5.9)

ここで，**E** と **I**, **J** と **P** には式 (5.1), (5.2) の関係があるので，**Ep**, **Ej**, **Ip**, **Ij** は 0 から 100（**Ej Ij** と **Ep Ip** なら -100 から 100）の値を自由に取ることはできず，以下の拘束条件がある．左側は，ワイルドの放射状 4 軸に従った表記であり，右側括弧内は，それぞれに対応する **Ej Ij**-**Ep Ip** 座標系での表記である．

Ep + **Ej** ≤ 100	(**Ep Ip** + **Ej Ij** ≤ 100)	(5.10)
Ep + **Ij** ≤ 100	(**Ep Ip** - **Ej Ij** ≤ 100)	(5.11)
Ip + **Ej** ≤ 100	(-**Ep Ip** + **Ej Ij** ≤ 100)	(5.12)
Ip + **Ij** ≤ 100	(-**Ep Ip** - **Ej Ij** ≤ 100)	(5.13)

これら四つの拘束条件を図示するとき，**Ej Ij**-**Ep Ip** 軸を見慣れた横と

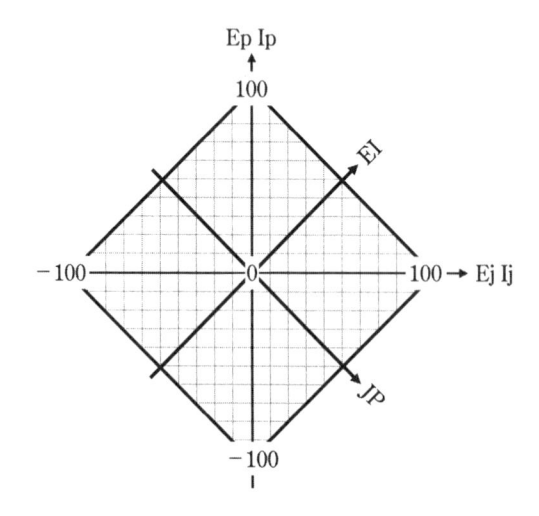

図 5.10　変数分離された心理態度タイプ平面の拘束条件

縦に描いてやると図 5.10 のようになり，元の座標系で大きさが 100 以内に制限されていた値をはみ出すような組合せはあり得ないということである．

図 5.10 のダイヤモンド型の図形は，元の心理態度タイプが持つ正方形領域の双対になっている．この変数分離を行う変換をプラトニック変換 (Platonic Transformation) と呼ぶ．特に，ほかで定義されているわけではない．

5.5 知覚領域における心理機能の定量化

前節で，心理の基本態度タイプ (**E·I**) と硬軟態度タイプ (**J·P**) を定量化し，線形写像のプラトニック変換を行って，知覚領域における心理の基本態度タイプ (**Ep·Ip**) と，判断領域における心理の基本態度タイプ (**Ej·Ij**) に分離し，新しい座標系での定量もできた．次は，二つの領域，知覚領域と判断領域のそれぞれで心理機能タイプとの関係を見る．

まずは知覚領域である．ユングは知覚領域には相反する二つの心理機能タイプがあるとした．感覚タイプ (**S**) と直感タイプ (**N**) である．ワイルドはこの領域で自分がどちらのタイプにどれだけ偏っているかを見極めるための設問を，やはり五つ用意した．表 5.4 のとおりである．

得点の算出は，(**E·I**), (**J·P**) のときと同じく，s), n) の多いほうから少ないほうを引いて，素点を 20 倍する．s) が多ければ感覚機能タイプ **S**-型だし，n) が多ければ直感機能タイプ **N**-型だ．

表 5.4 知覚機能心理タイプ (**S·N**) を定量化するためのアンケート

SN 1	あなたの好みは	s) 具体的説明	n) 抽象的説明
SN 2	面白いと感じるのは	s) 事実発見	n) 推理
SN 3	あなたはより	s) 実践的	n) 考察的
SN 4	あなたが好きなのは	s) 実体験	n) 理論
SN 5	あなたは	s) 伝統を好む	n) 新規性を求める

第5章 チームづくりの数学

次に，前節で導き出した知覚領域における基本態度心理タイプ(**Ep**・**Ip**)と，上記アンケートの結果から導き出された知覚機能タイプ(**S**・**N**)の数値から，プラトニック変換によって，判断領域における心理機能タイプが導き出せる．これらはユングが提唱した判断領域における四つの判断機能心理タイプに対応する(図 5.11)．

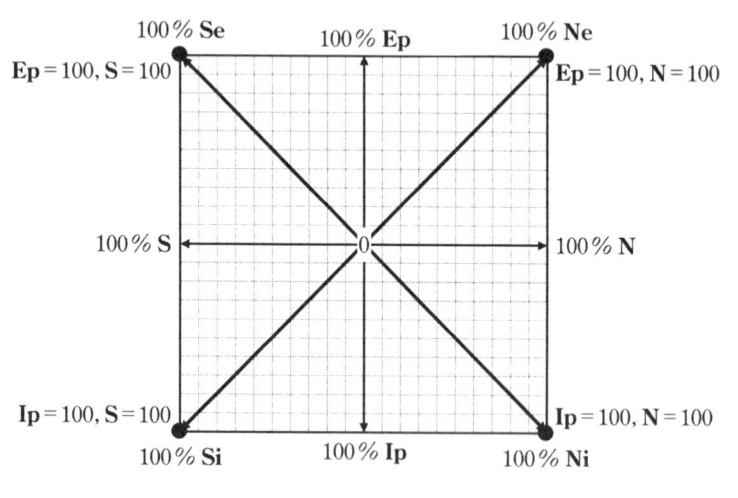

図 5.11 知覚機能領域

水平，垂直軸と二つの対角軸の関係は，先と同じなので，新しい斜めの放射軸が表す量は，それに隣接する(**Ep**・**Ip**)値と(**S**・**N**)値の平均である．

$$\text{Ne は，Ep と N の平均} \quad Ne = 1/2(Ep + N) \quad (5.14)$$
$$\text{Se は，Ep と S の平均} \quad Se = 1/2(Ep + S) \quad (5.15)$$
$$\text{Ni は，Ip と N の平均} \quad Ni = 1/2(Ip + N) \quad (5.16)$$
$$\text{Si は，Ip と S の平均} \quad Si = 1/2(Ip + S) \quad (5.17)$$

図 5.5，図 5.9 で使用した例では，図 5.9 より **Ep**=40 であった．この人が，(**S**・**N**)アンケートでは知覚機能 80％直感型(**N**)だったとしよう．判断機能領域における心理機能は，図 5.12 に示す位置となる．この人

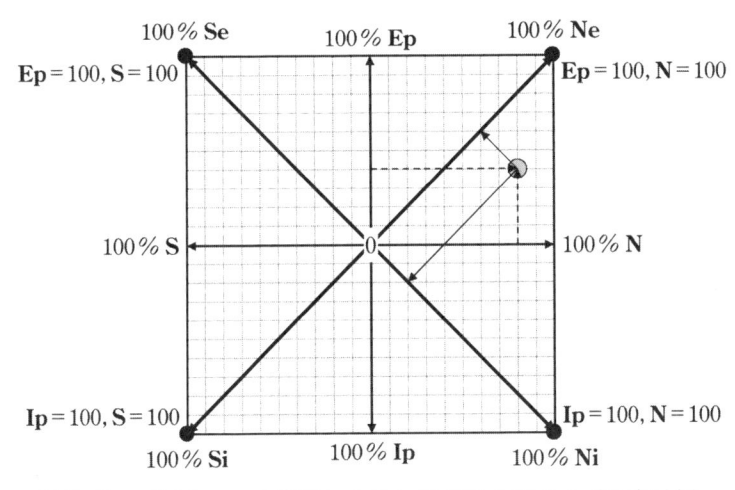

図 5.12　プラトニック変換による知覚機能心理タイプの定量例

の判断機能心理タイプは，態度領域の図で行ったように，得られた点から Ne Si 軸に垂直に投影して 60％外基準直感型 (**Ne**)，Ni Se 軸に投影して 20％内基準直感型 (**Ni**) であることがわかる．

5.6　判断領域における心理機能の定量化

最後に，判断領域である．ユングによる判断領域における心理機能ペアは，思考タイプ (**T**) と感情タイプ (**F**) である．これも，ワイルドによる定量化の設問が用意されており，表 5.5 のとおりである．

表 5.5　判断機能心理タイプ (**T**・**F**) を定量化するためのアンケート

TF 1	あなたは	t) 論理が好き	f) 同情的だ
TF 2	自分はより	t) 誠実だ	f) 機知に富んでいる
TF 3	あなたは人に対して	t) 疑問をもつ	f) 共感することが多い
TF 4	あなたはより	t) 懐疑的だ	f) 許容する
TF 5	裁判官は	t) 公正であるべき	f) 情に厚くあるべき

判断機能領域のプロットは，図 5.13 のようになる．

各座標の関係は，知覚領域での関係に倣い，以下のようになる．

72 第5章 チームづくりの数学

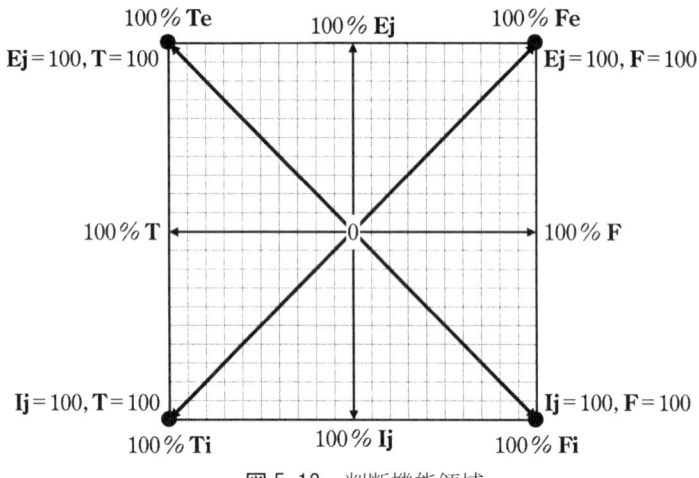

```
100% Te        100% Ej        100% Fe
Ej=100, T=100                 Ej=100, F=100

100% T           0           100% F

Ij=100, T=100                 Ij=100, F=100
100% Ti        100% Ij        100% Fi
```

図 5.13 判断機能領域

$\mathbf{Fe}$ は，$\mathbf{Ej}$ と $\mathbf{F}$ の平均　　$\mathbf{Fe} = 1/2\,(\mathbf{Ej} + \mathbf{F})$　　　　(5.18)

$\mathbf{Te}$ は，$\mathbf{Ej}$ と $\mathbf{T}$ の平均　　$\mathbf{Te} = 1/2\,(\mathbf{Ej} + \mathbf{T})$　　　　(5.19)

$\mathbf{Fi}$ は，$\mathbf{Ij}$ と $\mathbf{F}$ の平均　　$\mathbf{Fi} = 1/2\,(\mathbf{Ij} + \mathbf{F})$　　　　(5.20)

$\mathbf{Ti}$ は，$\mathbf{Ij}$ と $\mathbf{T}$ の平均　　$\mathbf{Ti} = 1/2\,(\mathbf{Ij} + \mathbf{T})$　　　　(5.21)

以上で八つの心理機能タイプ (**Se**, **Ne**, **Si**, **Ni**, **Fe**, **Te**, **Fi**, **Ti**) を計算できたが，式 (5.14)〜(5.21) にある四つの心理態度タイプ変数，**Ej**, **Ij**, **Ep**, **Ip** は，式 (5.6)〜(5.9) の関係があるので，これら八つの心理機能タイプの式に代入して，アンケートの結果だけで以下のように表現できる．

$\mathbf{Ne} = 1/2\,(1/2\,(\mathbf{E} + \mathbf{P}) + \mathbf{N})$　　　　(5.22)

$\mathbf{Se} = 1/2\,(1/2\,(\mathbf{E} + \mathbf{P}) + \mathbf{S})$　　　　(5.23)

$\mathbf{Ni} = 1/2\,(1/2\,(\mathbf{I} + \mathbf{J}) + \mathbf{N})$　　　　(5.24)

$\mathbf{Si} = 1/2\,(1/2\,(\mathbf{I} + \mathbf{J}) + \mathbf{S})$　　　　(5.25)

$\mathbf{Fe} = 1/2\,(1/2\,(\mathbf{E} + \mathbf{J}) + \mathbf{F})$　　　　(5.26)

$\mathbf{Te} = 1/2\,(1/2\,(\mathbf{E} + \mathbf{J}) + \mathbf{T})$　　　　(5.27)

$\mathbf{Fi} = 1/2\,(1/2\,(\mathbf{I} + \mathbf{P}) + \mathbf{F})$　　　　(5.28)

$\mathbf{Ti} = 1/2\,(1/2\,(\mathbf{I} + \mathbf{P}) + \mathbf{T})$　　　　(5.29)

ただし，アンケートの結果には式 (5.1)〜(5.4)，すなわちペアの一方は相方のマイナスという関係があるので，入力のアンケート結果は，四つのスカラー量であり，出力の心理機能タイプの大きさも四つのスカラー量である．これら心理機能タイプには，簡単に導かれる以下の関係がある．すなわち，心理態度タイプは対角の位置にあるタイプの負数である．

$$Ne + Si = 0 \tag{5.30}$$

$$Ni + Se = 0 \tag{5.31}$$

$$Fe + Ti = 0 \tag{5.32}$$

$$Fi + Te = 0 \tag{5.33}$$

入力も出力も四つのスカラー量であるということは，式 (5.22)〜(5.29) を，入力をアンケート結果のベクトル，出力を八つの心理機能タイプの変数とすると，入力に 8×8 の行列を左から掛けてやると出力が得られる行列式に表されるが，その行列の階数は 4 である．

また，式 (5.22)〜(5.29) から逆に，八つの心理機能タイプの値からアンケートにどう答えたか求めることもできる．すなわち，以下のようになる．

$$E = Ne + Se + Fe + Te \tag{5.34}$$

$$I = Ni + Si + Fi + Ti \tag{5.35}$$

$$P = Ne + Se + Fi + Ti \tag{5.36}$$

$$J = Ni + Si + Fe + Te \tag{5.37}$$

$$N = Ne + Ni \tag{5.38}$$

$$S = Se + Si \tag{5.39}$$

$$T = Te + Ti \tag{5.40}$$

$$F = Fe + Fi \tag{5.41}$$

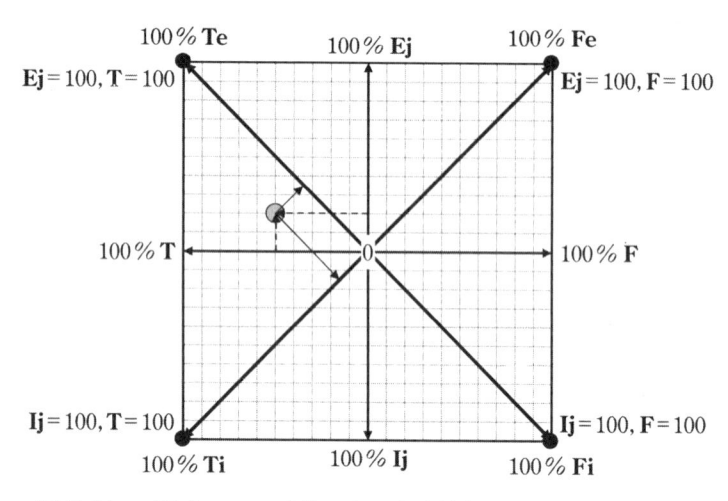

図 5.14 プラトニック変換による判断機能心理タイプの定量例

次に，これまで評価してきた例について考えよう．前節で，この人は 60％外基準直感型 (**Ne**)，20％内基準直感型 (**Ni**) であることがわかった．図 5.9 に戻ると，この人は外基準判断態度タイプ **Ej** = 20 であった．(**T**・**F**) アンケートの結果が判断機能 50％思考型 (**T**) だったとしよう．すると，同じ要領でプラトニック変換を行い，この人の判断機能領域での心理タイプは，図 5.14 のように 35％外基準思考型 (**Te**)，15％内基準思考型 (**Ti**) であることがわかる．

5.7 主要機能，補助機能，補償機能，影

前節までの考察で，四つの心理タイプペア〔(**E**・**I**), (**J**・**P**), (**S**・**N**), (**T**・**F**)〕でどちらがどれだけ強いか，アンケートに対する回答から定量化し，最初の二つのペアについてプラトニック変換を行って領域を知覚と判断に分割，一方の知覚態度ペア (**Ep**・**Ip**) と知覚機能ペア (**S**・**N**)，他方の判断態度ペア (**Ej**・**Ij**) と判断機能ペア (**T**・**F**) を合わせて独立にプラトニック変換を行って，ユングの提唱した八つの心理機能領域における強度を

5.7 主要機能，補助機能，補償機能，影   75

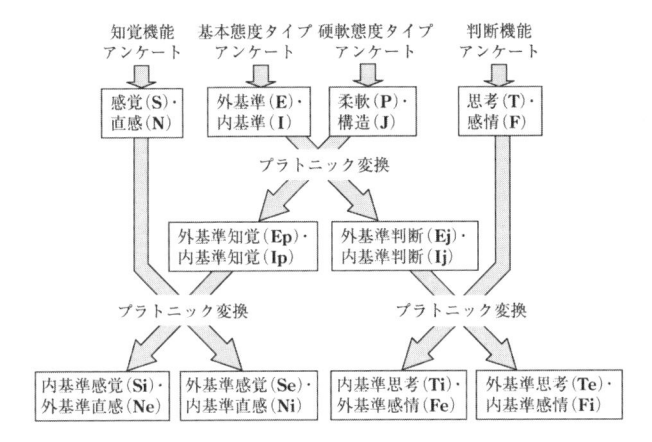

```
知覚機能        基本態度タイプ   硬軟態度タイプ     判断機能
アンケート      アンケート      アンケート      アンケート
   ↓              ↓              ↓              ↓
┌─────────┐  ┌─────────┐  ┌─────────┐  ┌─────────┐
│感覚(S)・ │  │外基準(E)・│  │柔軟(P)・ │  │思考(T)・ │
│直感(N)   │  │内基準(I) │  │構造(J)   │  │感情(F)   │
└─────────┘  └─────────┘  └─────────┘  └─────────┘
                  ↘ プラトニック変換 ↙
              ┌─────────┐  ┌─────────┐
              │外基準知覚(Ep)・│ │外基準判断(Ej)・│
              │内基準知覚(Ip) │ │内基準判断(Ij) │
              └─────────┘  └─────────┘
              ↙ プラトニック変換    プラトニック変換 ↘
┌─────────┐ ┌─────────┐ ┌─────────┐ ┌─────────┐
│内基準感覚(Si)・││外基準感覚(Se)・││内基準思考(Ti)・││外基準思考(Te)・│
│外基準直感(Ne) ││内基準直感(Ni) ││外基準感情(Fe) ││内基準感情(Fi) │
└─────────┘ └─────────┘ └─────────┘ └─────────┘
```

図 5.15　四つのアンケートと三つのプラトニック変換で
ユングの心理機能タイプを定量化する

定量化した．**図 5.15** は，この一連の流れを示す．

図 5.15 の各箱の中のペアは，互いの負数であるので，各箱ではスカラー量が二つではなく，一つである．よって，各アンケートでは一つのスカラー量がわかり，三つのプラトニック変換ではそれぞれ二つのスカラー量が入力となって二つの線形変換されたスカラー量が得られる．最終結果は入力と同じく，四つのスカラー量である．

ユングの心理機能タイプ論では，知覚機能領域と判断機能領域にそれぞれ四つずつ計八つの心理機能領域があるが，その知覚と判断の機能領域にそれぞれ二つずつ有意な強度が計算される．例として引き合いに出してきた無名の人の心理機能タイプとしては，**表 5.6** の結果が得られる．

表 5.6　例の人の心理機能タイプ定量の結果

知覚機能タイプ		判断機能タイプ	
Se	Ne : 60	Te : 35	Fe
Si	Ni : 20	Ti : 15	Fi

表 5.6 に数値で示した例の人の知覚と判断の二つ機能領域を並べて描くと，**図 5.16** のようになる．図 5.14 までは，補助目盛とフルスケール

76　第5章　チームづくりの数学

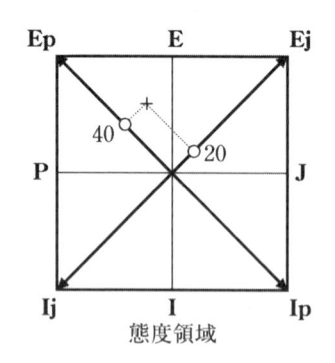

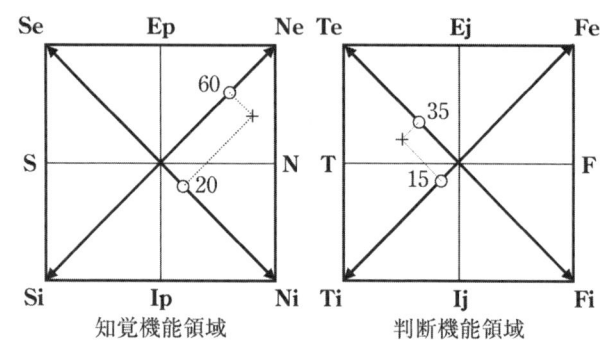

図 5.16 知覚・判断機能領域における例の人の心理機能タイプ

の値，原点を書き込んでいたが，以降はこれらの補助表記を省いて図を見やすくしている．図中，プラス(+)は各領域での縦横の元の座標系でプロットされる心理の位置であり，それを二つ対角線の座標に投影した点を白丸(○)で示している．この投影がプラトニック変換である．

この例の人の主要機能は，もちろん最も得点の高かった知覚機能タイプの外基準直感機能(**Ne**)である．そして補助機能は，ユングによると主要機能とは違う側の領域から選ばれるので，判断機能タイプの外基準思考機能(**Te**)である．この例の人の主要機能－補助機能は，**Ne**‐**Te** とどちらも外基準であり，5.1 節で説明した MBTI が見逃した単一基本態度タイプの人である．

さらにユングは，主要機能と真反対の位置にある機能タイプを補償機

能と名づけた (図 5.16 の例では Si). この機能は普段は抑圧されているが，主要機能が強くなりすぎたときに，当人が社会生活に支障をきたさないよう，バランスを取るために顔を出すとしている．ただし，抑圧が強く，主要機能があまりに強くなりすぎたとき，無意識の状態で，幼稚な原始的様相を見せて補償機能が現われる．

さらにワイルドは，表 5.6 で知覚機能タイプに現われている 20 % Ni がユングのいう正の影 (Positive Shadow) だと指摘している．正の影は，正の値を持ちながら，私たちの意識からは遠ざけられ，抑圧されている心理機能である．私たちは，常にこの正の影を持ちながら生きている．

次に，主要機能と補助機能がともに同じ基準，すなわち単一基本態度タイプの人は，アンケートにどのように答えるのかを考える．主要機能と補助機能は，別の機能領域にあるため，単一外基本態度タイプの人は，知覚と判断の機能領域で，それぞれ，Se もしくは Ne，Te もしくは Fe の成分があり，内基準になる成分 (知覚領域で Si もしくは Ni，判断領域で Ti もしくは Fi) もあるときは，外基準の機能成分が内基準の機能成分より大きくなければならない．

この状態を二つの機能領域で図式的に示そう．図 5.17 で，心理タイプの点が濃いグレーの領域にあるときは，対角軸への投影がどちらも外

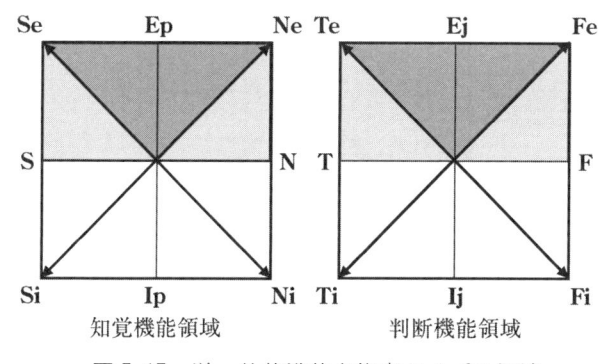

図 5.17 単一外基準基本態度タイプの領域

78   第5章 チームづくりの数学

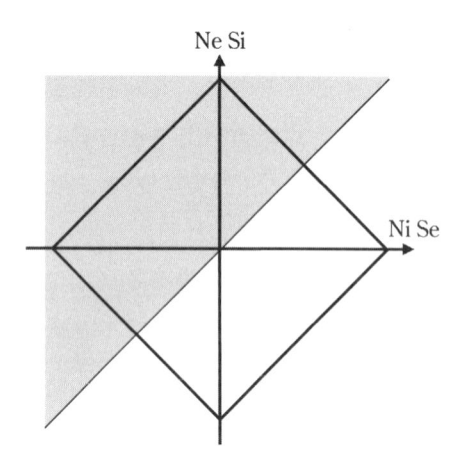

図 5.18   縦軸成分 > 横軸成分の領域

基準機能側になるため，内基準機能の値を取ることはない．また，心理タイプの点が 図 5.17 の薄いグレーの領域にあるときは，外基準機能と内基準機能の両方を備えることになるが，外基準機能の大きさは常に内基準機能の値より大きくなる．図 5.18 のように横軸に Ni Se，縦軸に Ne Si のグラフを考えると，この領域はとりもなおさず，Ne Si > Ni Se

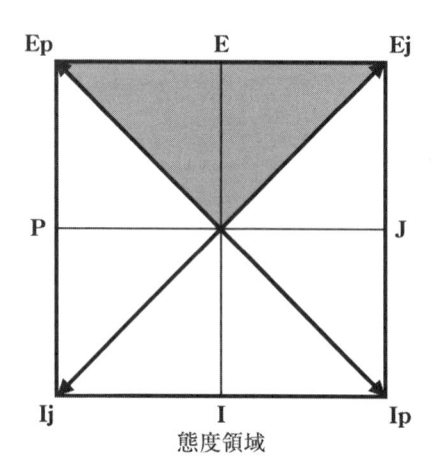

図 5.19   単一外基準基本態度タイプの態度領域

が成り立つことからも自明である．

以上より，単一外基準基本態度タイプの人は，最初の態度領域で **Ep** と **Ej** の両方を併せ持っており，態度領域での基本心理タイプの点は，図 5.19 のグレーで示した直角二等辺三角形の内部にあることになる．

同様の考察により，単一内基準基本態度タイプを持つ人は，図 5.19 で JP 軸を介して，グレーエリアの反対側にある直角二等辺三角形エリアに基本態度の点を持っている．

では，残った二つの直角二等辺三角形エリアに入る人はどうだろうか．右側の直角二等辺三角形エリアに基本態度タイプがプロットされる人は，内基準知覚タイプ(**Ip**)と，外基準判断タイプ(**Ej**)を持ち，図 5.17 の知覚機能領域では下半分の白いエリア，判断機能領域は上半分グレーのエリアとなる．つまり，主要機能と補助機能は内基準感覚(**Si**)と内基準直感(**Ni**)のどちらかと，外基準思考(**Te**)と外基準感情(**Fe**)のどちらかを合わせた組合せになる．同様に，左側の直角二等辺三角形エリアに基本態度タイプがあれば，主要機能と補助機能は外基準感覚(**Se**)と外基準直

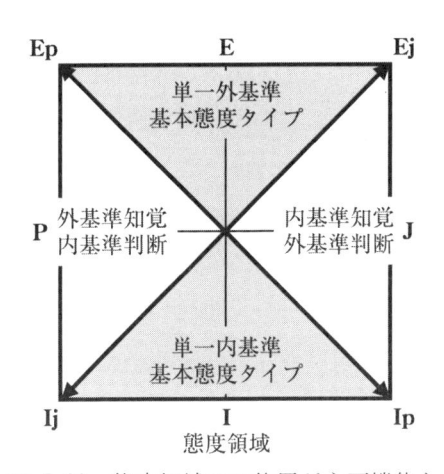

図 5.20 態度領域での位置が主要機能と補助機能の基本態度基準の単一性・複合性を決める

感 (**Ne**) のどちらかと，内基準思考 (**Ti**) と内基準感情 (**Fi**) のどちらかを合わせた組合せである．

以上より，態度領域における心理タイプの点の位置は，図 5.20 のように，主要機能と補助機能が単一基本態度タイプであるか，機能タイプの基準が内基準と外基準の複合タイプであるかを決定する．

5.8 精神疾患を発症する危険性

3.5 節に，ユングによる精神疾患発症の経過についての説明を記した．自分が持つ心理機能タイプが強くなりすぎ，抑圧された補償機能タイプが幼稚な原始的様態を持って励起され心が疲弊するというものである．では，心理機能タイプがどのようになっている人が危ないのだろうか．全タイプを同時に考察するとわかりにくくなってしまうので，この心理機能タイプマップの対称性に注目して一つのタイプに絞って考察する．残った七つのタイプについても同様の分析が適用する．

考察対象の例として，判断機能領域において内基準思考機能 (**Ti**) が極端に強い人を考えよう．このタイプを対象にしたのは何を隠そう，本節の分析対象ほどではないにしろ，筆者がその傾向が強いからである．何ごとも，自分に対する関係が強いと分析も真剣になる．

さて，極端に強いとはどの程度か．ここでは判断機能領域において，内基準考察機能 **Ti** が 90 以上の場合を考える．

$$\text{Ti} \geq 90 \tag{5.42}$$

この場合，判断機能領域では，心理タイプのプロットは，図 5.21 に示す **Ti** の角の小さな直角二等辺三角形の中に押し込められていることになる．

この領域は，以下の三つの不等式によって表現される．

$$T \leq 100 \tag{5.43}$$

$$\text{Ij} \leq 100 \tag{5.44}$$

5.8 精神疾患を発症する危険性　81

[図: 正方形の四隅にTe, Fe, Ti, Fi、辺の中点にEj, T, F, Ij、対角線と中心から伸びる矢印、左下Tiの角に直角二等辺三角形]

判断機能領域

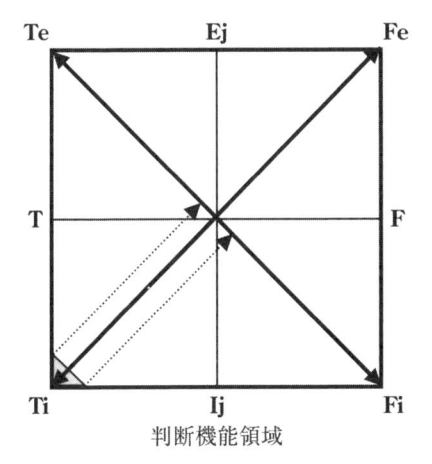

図5.21　極端に内基準思考機能が強い
人の判断機能領域マップ

$$T + Ij \geq 180 \tag{5.45}$$

式(5.45)の180は，直角二等辺三角形の斜辺を延長したときに，TF軸でも，Ij Ej軸でも，それが交わる位置，すなわち切片である．これら三つの不等式より，Ijが80のとき，つまりそれほど極端でなくても，Tが式(5.45)を満足するほどに大きければ，Tiが90を越えることはあるということがわかる．

$$Ij \geq 80 \tag{5.46}$$

Tiの対極にある外基準感情機能(Fe)は，−90より小さくて問題にならないが，判断機能領域において取りうる位置は一つなので，他の二つの判断機能，外基準思考機能(Te)や内基準感情機能(Fi)が10を越えて大きくなることはない．

$$Te, Fi \leq 10 \tag{5.47}$$

次に，式(5.46)のようにIjが80を越える場合の態度領域を見てみると，図5.22のように，やはりIjの角に近い直角二等辺三角形となる．この三角形は，ただし，判断機能領域で見たものよりも長さ比で2倍の

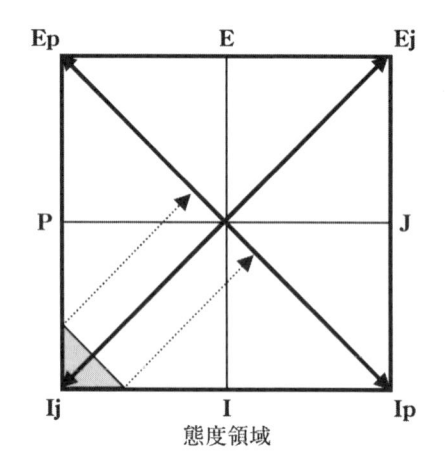

図 5.22 極端に内基準思考機能が強い人の態度領域マップ

大きさがある.

この領域を表す不等式は，以下のとおりである.

$$I \leq 100 \tag{5.48}$$

$$P \leq 100 \tag{5.49}$$

$$I + P \geq 160 \tag{5.50}$$

判断機能領域で **Te**, **Fi** が小さかったのと同様，知覚機能の **Ep**, **Ip** が取りうる値は小さく，最大でどちらか側に 20 である.

$$Ep, Ip \leq 20 \tag{5.51}$$

このことより，知覚機能領域に目を転じると，知覚心理タイプは，図 5.23 のマップ上にグレーで示したエリア内しか位置を取れず，知覚機能タイプの大きさは，60 を越えないことがわかる.

$$Se, Ne, Si, Ni \leq 60 \tag{5.52}$$

この検討はもっと一般化できて，内基準考察機能 **Ti** が 90 以上ではなく，x 以上だったとしよう.

$$Ti \geq x \tag{5.53}$$

すると，式(5.46)に対応する式は，

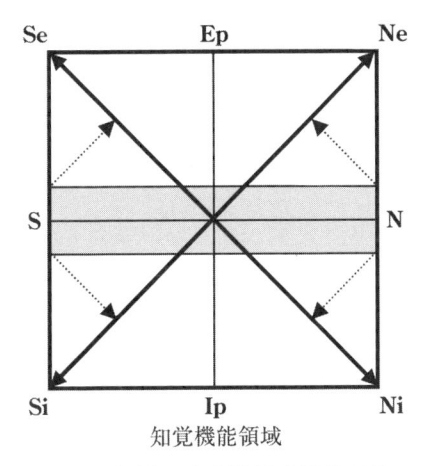

図5.23 極端に内基準思考機能が強い
　　　　人の知覚機能領域マップ

$$\text{Ij} \geq 2x - 100 \tag{5.54}$$

式 (5.47) に対応する式は，

$$\text{Te, Fi} \leq 100 - x \tag{5.55}$$

式 (5.51) に対応する式は，

$$\text{Ep, Ip} \leq 200 - 2x \tag{5.56}$$

式 (5.52) に対応する式は，

$$\text{Se, Ne, Si, Ni} \leq 150 - x \tag{5.57}$$

もちろん，この議論は，x が大きいとき，すなわち式 (5.57) を見てわかるように，x が 50 以上のときの話である．また，式 (5.57) で表現したのは，四つの数値の上限であって，有意なのはこれら四つのうちの二つである．**Se** と **Ni** は互いの負数であり，**Ne** と **Si** の間にも同じ関係がある．

ちなみに，**Ti** がその極限値 100 であったら，式 (5.57) で，二つの知覚心理態度指数が取りうる最大値は 50 である．このような心理タイプ，どれか一つが 100 で，その反対の心理機能領域で 50 を二つ持つ人がワ

イルドのいうプラトンの理想である.

極端に大きな心理機能は, 八つのタイプのうち一つでしか起こらず, 同時に二つ以上の心理機能が極端に大きくなることはない. 本書の定量的扱いでは, この制約は式 (5.10)〜(5.13) にある制約条件, すなわち態度タイプが同時に二つ最大に近い値を取ることはないというところからきている.

さらに, 極端に大きな心理機能は, 以下の条件がそろったときに見られる. すなわち, 基本 (**E**・**I**) と硬軟 (**J**・**P**) 態度タイプアンケートにおいて, 両方でどちらかに極端に結果を残し, 硬軟態度タイプで判断 (**J**) が大きかった場合は, さらに知覚機能 (**S**・**N**) がどちらかに大きく偏り, 硬軟態度タイプで知覚 (**P**) が大きかった場合は, 加えて判断機能 (**T**・**F**) のどちらかが大きかった場合, 極端な心理機能タイプという結果になる.

ユングは, このような定量的扱いはしなかったものの, 経験的にこのことを知っており, 複数の心理機能がいずれも弱く, どっちつかずの状態というものはあるが, はっきりした主要機能は, 八つのタイプのどれか一つといっている.

第6章 チームづくりの実際

前章まで，心理タイプの表現に基本態度，硬軟態度，知覚機能，判断機能，内基準，外基準，柔軟，構造，感覚，直感，思考，感情と抽象的な言葉を使ってきた．知覚の心理機能タイプが内基準直感型だと言われても，何のことだかなかなかピンとくるものがないだろう．

ワイルドは，ユングの分析心理学に関する2冊の著書"Teamology (チーム学)"と"Jung's Personality Theory Quantified (定量化されたユングの性向論)"の中でも平易な言葉を使って心理機能を表現している．本章では，それらわかりやすい言葉を使って心理タイプを記述解説し，さらにチームを形成するときにどう考えれば強いチームができるか，すでに結成済みのチームであれば，自分達の弱点は何かを見極め，どう対処すればよいかを解説する．最後に，筆者が経験したチームづくりについて，心理タイプデータとその実際について紹介する．

6.1 知覚と判断における心理態度タイプの意味

ワイルドは，まずユングが指摘した基本態度タイプ外基準態度(**E**)-内基準態度(**I**)と，MBTIの(**J**・**P**)とは違う柔軟性態度(**P**)-構造性態度(**J**)をプラトニック変換によって知覚機能に関する心理態度ペア(**Ep**・**Ip**)と，判断機能に関する心理態度ペア(**Ej**・**Ij**)を算出している．

そして，知覚機能に関する心理態度は，基本態度が外基準(**E**)であるときは柔軟性(**P**)との平均が知覚の外基準性(**Ep**)を決め，逆に基本態度が内基準(**I**)であるときは構造性(**J**)との平均が知覚の内基準性(**Ip**)を決める．同じように，判断機能に関する心理態度は，基本態度が外基準(**E**)であるときは構造性(**J**)との平均が判断の外基準性(**Ej**)を決め，逆に

基本態度が内基準 (I) であるときは柔軟性 (P) との平均が判断の内基準性 (Ij) を決める．

このように，プラトニック変換によって心理態度タイプを知覚機能に関するペア (**Ep・Ip**) と，判断機能に関するペア (**Ej・Ij**) に独立させ，次の知覚領域と判断領域での分析を分離して独立に行うことに成功した．

この変数変換によって中間的に計算されるこれら，態度タイプには以下のキーワードが付されている．

知覚領域における基本態度の基準により

　　　外基準知覚態度　**Ep**：探求
　　　内基準知覚態度　**Ip**：集中

判断領域における基本態度の基準により

　　　外基準判断態度　**Ej**：管理
　　　内基準判断態度　**Ij**：評価

基本態度タイプのアンケート (**E・I**) と，硬軟態度タイプのアンケート (**J・P**) を終えると，知覚領域における基本態度がどちらでその大きさはいくらか，また，判断領域における基本態度がどちらでその大きさはいくらかわかる．つまり，誰でもこれら四つのキーワードから，最初のペアから一つ，後のペアから一つ自分の態度タイプがわかり，それぞれの大きさもわかる．これらキーワードの解説は，以下のとおりである．

6.1.1　探求：外基準知覚態度タイプ (Ep)

表現性が高く，台本のない即興性に対応できる．このタイプの人は，人との対話がうまく，新規性を求め，ほかと違うことに価値を見る．興味を持ったら外から見てすぐにわかる．じっくり計画を立てることはなく，とりあえず突き進む．知らない人との出会いに躊躇しない．一度決めた方針でも簡単に変えることがある．きつい締切りでも何とか間に合わせることができ，発信型の学習，すなわち体験し，実聞し，質問をどんどんして学ぶことが得意．よくしゃべり，エネルギッシュで柔軟性に

富む.

6.1.2 集中：内基準知覚態度タイプ(Ip)

自分の中で優れた構造の計画を持つタイプ．知らない人に積極的に話しかけることはない．日々，同じ作業の繰返しでも不平は言わない．近寄りがたい印象を与える．指示されたことはうまくこなす．気心の知れた友人と個人的に話す会話を好む．身の回りはきちんと片づいていることを好み，受動的学習が得意である．計画を立てるのが得意で，かつ早めに着手し，静かである．

6.1.3 管理：外基準判断態度タイプ(Ej)

誰の目にも明らかに，系統だったきちんとした構造に従う．人との付き合いがうまく，興味を持ったら見てすぐにわかる．指示されたことはうまくこなす．知らない人との出会いに躊躇しない．身の回りはきちんと片づいていることを好み，受信的学習が得意である．よくしゃべり，エネルギッシュで柔軟性に富む．計画を立てるのが得意.

6.1.4 評価：内基準判断態度タイプ(Ij)

自分で判断し，台本のない即興性に対応できる．知らない人に積極的に話しかけることはない．新規性を求め，ほかと違うことに価値を見る．近寄りがたい印象を与える．じっくり計画を立てることはなく，とりあえず突き進む．気心の知れた友人と個人的に話す会話を好む．一度決めた方針でも簡単に変えることがある．受動的学習が得意である．きつい締切りでも何とか間に合わせることができる．静かなタイプだが，柔軟性を持ち合わせる．

6.2 心理機能タイプの意味

前節の知覚領域における基本態度タイプ(**Ep**・**Ip**)と，知覚機能のアンケートから得られる感覚性-直感性(**S**・**N**)から，知覚領域に，その心理機能タイプを表す点がプロットされる．これからプラトニック変換によっ

て，知覚領域に対角線を形成する Ne Si 軸と Ni Se 軸への投影，つまり知覚するときは，どの心理機能タイプがどの程度に強いか，その強度がわかる．軸が二つなので，各人二つの知覚心理機能タイプが解明される．

判断領域でも同様に，判断領域における基本態度タイプ(**Ej・Ij**)と，判断機能のアンケートから得られる思考性-感情性(**T・F**)から，プラトニック変換によって，判断するときはどの心理機能タイプがどの程度に強いか，二つのタイプが得られる．

ワイルドは，それぞれの心理機能タイプにもキーワードを配し，短く解説している．それを**表 6.1** と**表 6.2** に掲げる．

表 6.1　知覚機能タイプのキーワード

Se：外基準感覚タイプ－実証 自分で直接体験，実験をして新しい現象を発見したり着想を得たりする	**Ne**：外基準直感タイプ－観念 既知の概念を新しい着眼で見て，いままでにない体系をつくり出す
Si：内基準感覚タイプ－知識 実践と技術を重んじ，自分に自信を持っている	**Ni**：内基準直感タイプ－想像 自己内部の洞察と想像力に導かれ，予知的な力を発揮する

表 6.2　判断機能タイプのキーワード

Te：外基準思考タイプ－組織 リソースを効果的に管理し，決断は確固としている．構造性を好む	**Fe**：外基準感情タイプ－社会 表現力が豊かで機知に富む．チームの団結力を高める
Ti：内基準思考タイプ－分析 論知的思考を持って，合理的に性能の改良を行うのが得意	**Fi**：内基準感情タイプ－評価 自分自身の価値基準で，ものごとの良し悪しを判断する

これら二つの表の内容を第 3 章の表 3.4 と表 3.5 に記したユングによる各心理機能タイプの説明と比べると面白い．ユングは，比較的・悲観的なことを多く述べていたが，それは各節が精神疾患発症の説明で締めくくられていたからだろう．一方のワイルドは，建設的にどうやって

チームの成績を伸ばすかを考えていたので，自然ポジティブな描写が多い．しかし，表現は違うものの，各心理機能タイプの根底に流れるものはそれぞれで一致していることがわかる．

6.3 強いチームをつくる

1人の人間を見ると，その人は四つある判断領域の心理機能タイプから二つ，同じく四つある判断領域の心理機能タイプから二つの計四つの心理機能タイプを持つ．その四つある心理機能タイプのうち，最大の値を持つものがその人の主要機能で，主要機能のある領域と違う側の領域で，大きい方の心理機能がその人の補助機能である．解析の結果，1番目と2番目に大きい心理機能が同じ領域に存在することもあるので，補助機能がどれであるか，見間違えないようにしなければならない．図3.2に示したように，生きるということは，知覚－判断－行動のサイクルの繰返しであって，知覚ばかりをしていたら，行動につながらないので不随意筋による生命維持だけを続けていくことになるし，行動ばかりをしていたら，自分の立位置がわからなくなって社会の異分子として抹殺されるしかない．

一方，チームには複数の構成員がいて，それぞれのメンバーが自分の主要機能と補助機能を持っている．チームをつくるとき，ユングが提起した八つの心理機能タイプがすべてカバーされるようにメンバーを集めると，より良いチームができるというのがチーム学(Teamology)の結果である．さらに，各八つの心理機能タイプの値が大きければ大きいほどよい．

例えば，図6.1の3名からなるチームを見てみよう．丸番号が1番から3番までのメンバーの知覚機能領域，判断機能領域の心理機能タイプ位置，それを心理機能タイプ軸に投影して主要機能，補助機能，その他の機能を示している．図を見てわかるように，知覚領域では **Ne, Si, Ni**

第6章 チームづくりの実際

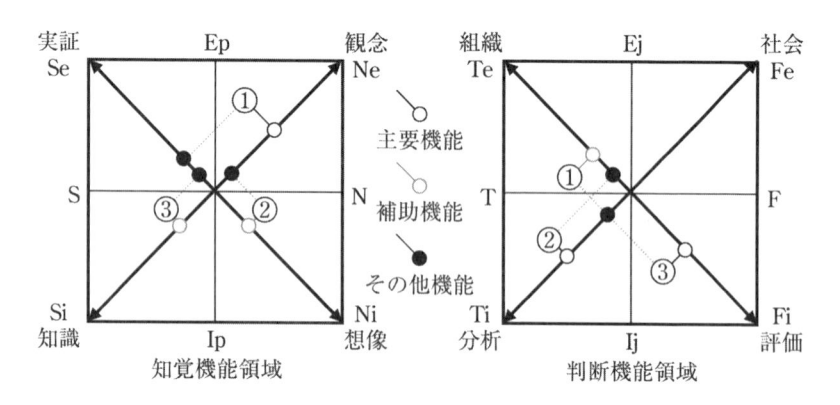

図6.1 ある3人チームのチーム力分析

の各判断心理機能タイプは主要機能と補助機能でカバーされており，**Se** は1番と3番のその他タイプでかろうじてカバーされている．しかし，判断機能領域に目を転じると，**Ti, Te, Fi** はうまくカバーされているものの，**Fe** 軸には，主要機能，補助機能はおろか，誰のその他機能も投影されていない．つまり，このチームは社会性がなく，団結力が弱く，いつバラバラに崩壊してしまうかわからない．

さて，このチームに4人目のメンバーが加わることになった．このメンバーの心理機能タイプを3人の領域マップとともにプロットしたら，図6.2のようになったとしよう．

幸運にも，この4番目の人は，他の3人の誰も持ち合わせていなかった社会性を主要機能としている．これで4人合わせても実証機能(**Se**)が多少弱いものの，八つの心理機能領域がカバーできた適度にバランスの取れたチームができ上がった．

ここで少し本題から外れるが，よく勘違いされる注意事項があるので触れておこう．本書で取り上げているのは，あくまでも強いチームのつくり方とチームの成績向上のための分析であって，自然発生的なグループの向上ではない．筆者も，チーム学に初めて触れたときに思い違いを

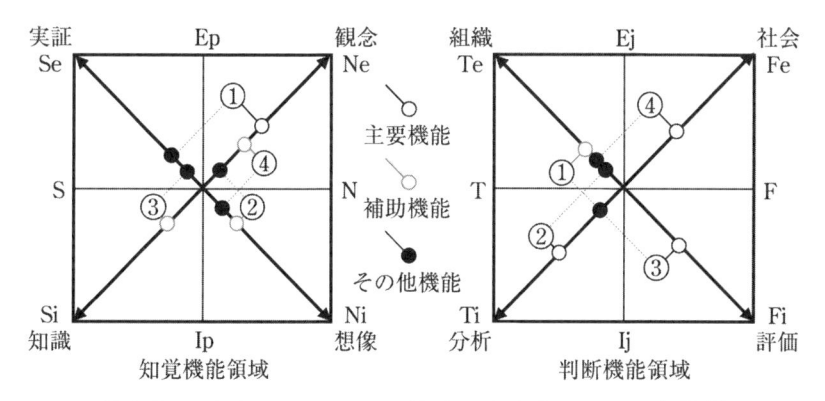

図 6.2 3 人チームに 4 人目が加わったときのチーム力分析

しており，ワイルド先生に，

「じゃあ，ジェーンさんとこのアンケートをやると，さぞや多くの心理機能がカバーされるのでしょうね」

と尋ねたことがある．すると，返ってきた答えはまったく意に反して，

「いや，やってみると 2 人ともほとんど同じ心理タイプだったことがわかったよ」

とのことだった．ダグとジェーンは，勤労学生夫婦となってから 60 年にもなろうか．いまでも仲睦まじく，理想の夫婦像に近い．

第 1 章にも書いたように，チームとは，ある目的のために集められた人の集合体であり，必ずしも気が合うとか好意を持っているとかということではなく，目的達成に効果的と思われて召集される．この点，配偶者や恋人，あるいは同好会的サークルでこのチーム力解析をやってもまったく意味はない．

6.3.1 既存チームの弱点と役割分担

先の 4 人チームの弱点はどこだろうか．すぐ目につくのが，誰の主要機能も補助機能もない実証機能 (**Se**) だ．そのほかにも，誰かの補助機能でカバーされているものの，ほかに比べて大きさが小さい知識機能 (**Si**)，

想像(Ni)，組織(Te)といったところだろう．これら機能を無理やりにメンバーの誰かに押し付けて強めようと思っても，その構成員が精神的に疲弊してしまい，プレッシャーに押し潰されていい結果は得られない．ここで明らかにされたのは，各チームメンバーの心理タイプなのだから，それは自然に環境，経験，自主学習などで少しずつ変わることはあっても，弱い心理機能タイプを無理に強めようとする努力は好ましくない結果を待つようなものだ．

巧いやり方は，メンバー全員でそれら弱点があることを理解し，補う努力，例えば定例会議で必ず議題にあげて議論をする，あるいはその分野に関しては組織内だが，チーム外の協力者に依頼して預ける，あるいは外部業者に委託してしまうなど，方法はいろいろある．想像と観念がものをいう新商品開発を大学の研究室と共同で進めたり，評価能力が問われる監査機能を専門業者に頼んだりなどである．

6.3.2 役割分担

次に，チーム内のメンバーに役割分担を振り分けることを考えよう．図 6.2 で見た 4 人チームを例にとる．必要な心理機能が八つあり，構成員が 4 人なので，自然の割振りは 1 人に対して二つの心理機能だろう．もちろん，経験やチーム参加の時期，業界にどのような知り合いがいるかなど，場合によって様々な違いがあろうが，ここでは新参者の 4 番も含めて，他の条件は同じとする．

2 番と 3 番のメンバーに，心理機能を二つずつ割り振るのは簡単である．それぞれの主要機能と補助機能が，互いに別物で，かつ 1 番，4 番のその他機能と多少かぶっているだけである．よって，この 2 人には以下の役割分担が適切だ．

    2 番 想像(Ni)と分析(Ti)
    3 番 知識(Si)と評価(Fi)

厄介なのは，1 番と 4 番の分担である．知覚機能領域の観念機能(Ne)

を見ると1番の主要機能であり，大きさもそれを補助機能として持っている4番のものより大きいので，1番に観念(Ne)を任せたくなる．しかし，同じ領域の実証機能(Se)を見ると1番と3番のその他機能でしかなく，しかも3番はずいぶん弱い．まずはチームとして弱い心理機能に注目し，それを誰が分担するかを考えた方がよい．

では，実証機能(Se)を1番に任せるとして，観念(Ne)も1番に分担させてよいだろうか．実証機能(Se)は1番にとっては，主要機能である観念機能(Ne)の正の影である．1人の人に主要機能とその正の影の両方を分担させるのは避けた方がよい．正の影は，主要機能が活動している間は抑圧されており，いざ発現すると幼稚な原始的様相を見せることがあるからだ．以上より，1番と4番の役割分担は，以下がよいことがわかる．

　　1番　　実証(Se)と組織(Te)
　　4番　　観念(Ne)と社会(Fe)

以上，図6.2に示した4人チームの役割分担を通して，心理機能の振分けをどう考えるかを示した．ただし，分担したら各人がそれぞれの心理機能だけをやるというのではもちろんない．図6.2では，実証機能(Se)がグループとして弱く，しかたなく1番に受け持ってもらったが，3番もその心理機能をある程度持っているので，1番を補佐するのがよい．また，1番にすべてを押し付けるわけにはいかないので，観念機能(Ne)を4番の割り当てとしたが，元来1番の方が観念機能(Ne)が4番より強く，かつ4番は補助機能として持っているのに対し，1番は主要機能として持っている．1番は4番に時々助言をすることがチーム力向上にとって重要である．

十分な人数がいて，八つの心理機能が誰かの主要機能と補助機能でカバーされるのが望ましい．しかしその一方で，一つの心理機能で大きな値を持つ人が2人以上いると，その分野を誰がリードするのかの葛藤が

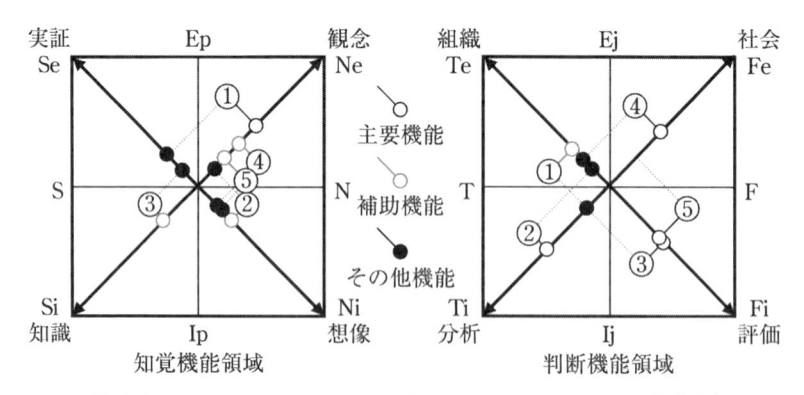

図6.3 4人チームに5人目が加わったときのチーム力分析

始まる．例えば図6.3のように，先ほど4人になったチームに5人目が加わったとしよう．すると，評価機能(**Fi**)のところで3番も5番もほぼ同じ大きさの主要機能としてそれを持っていることがわかる．こうして，評価機能(**Fi**)，例えばプロジェクトを終えたときにチームの反省会でこれまでの評価判断を下し，今後の方向をどちらに向けるか決めるとき，評価基準をどちらが決めるか，時に争いになる．2人が似たような体験の持ち主で，同じような評価基準をそれぞれ持っていればよいが，考え方が違っていれば大いにもめることになる．

　実際の社会ではこのような場合，年功序列，経験年数，役職の違いなどが緩衝材となってあらわにもめることは少ないが，これが根回しの巧さ，学歴，性別，出身地など，およそ人がそれに対して頭を垂れたくないような要因でどちらかに決定が転んだ場合，外れた方はチームに対して大きな遺恨を持ち，ストレスの原因となる．

　役割分担を考えるときに，忘れてならないのは式(5.10)～(5.13)の拘束条件である．5.8節で考察した極端な心理機能タイプを有する人は，これら拘束条件より，90点を超えるような心理機能は八つのうちから一つだけとることができ，それが主要機能となる．そして反対の機能領域にある補助機能はどんなに大きくても60点を越えることはない．

このため，スタープレーヤーばかりからなるチームを結成しようとしても，1 人はチームに必要な心理機能の一つしかカバーできず，チームには最低 8 人が必要となる．ただし，そのように極端に偏った心理機能マップを持ったメンバーを 8 人集めることがよしんばできたとしても，全員が精神疾患を発症する手前，あるいは既に発症しているかもしれないのだが，別の問題が発生してチームは崩壊するだろう．たとえ社会機能 (**Fe**) に特に優れた人が 1 人いたとしても，ほかの 7 人をまとめることは難しい．

6.4 チーム形成の実例

最後に，実際にこのチーム力解析を既存のチームに適用し，分析した結果を紹介しよう．

6.4.1 失敗学会事務局

まず，身近な例として失敗学会事務局を見てみよう．失敗学会は，東京都登録の非営利活動法人，すなわち NPO で，設立は 2002 年になる．筆者は，その設立を畑村洋太郎 東京大学名誉教授，中尾政之 東京大学教授と協力して推進し，現在は副会長兼事務局長としてその運営を行っている．

事務員は，極小経費で回せるようパートで賄ってきたため，これまで 10 人以上が出入りしている．勤務時間を考えると筆者を含めて実質 2 人に満たないが，ここ 3 年ほどは，3 人が安定してその運営に当たっている．もちろん意見がぶつかることもあり，時にストレスとなるが，概して思い悩むこともなく，仕事をこなしている．実際 2 人に満たない陣容で，1 000 人からなる会のホームページからの情報発信，年 3 回の大きな年中行事，毎月の懇談会，会員の議決を行う総会，会員資格管理とこなしているから立派なものであると自負している．

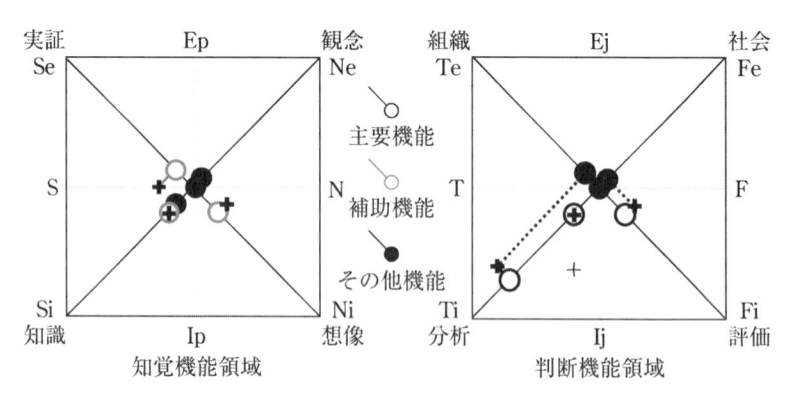

図 6.4 失敗学会事務局チームの心理機能マップ

この 3 人の心理タイプアンケートをとってみたところ，図 6.4 のようになった．3 人だけなのに，主要機能と補助機能で八つの心理機能のうち，五つまで押さえてあり，その他機能まで入れると八つすべてをカバーしている．もっとも，3 人しかいなければ，主要機能と補助機能でカバーし得るのは最大六つの心理機能なので，カバレージという意味では良いチームを形成できているといえよう．

主要機能と補助機能の重複があるのは分析機能 (**Ti**) だけで，それも大きさがかなり違うので，葛藤することもない．要注意機能は，新しいことを考え出す観念 (**Ne**)，構造性の組織 (**Te**) と調和の社会 (**Fe**) である．

6.4.2 東京大学 ME Seminar

次に紹介するケースは，東京大学機械工学科の授業での実験だ．機械工学セミナーという学部 4 年生を対象にした講座であるが，目的は海外で学会発表や，それに続く質疑応答での討議ができるよう，英語力を鍛えることだ．英語に堪能な教授陣を招いての特別セッションでは，英語論文を読んでその内容をグループでプレゼンしたり，課題を与えられてその解決法を英語でグループ発表したり，英語力の弱い学生さんには結構厳しい内容だった．

6.4 チーム形成の実例

講座半ばまでくるとグループメンバーが固定化してきたので，ここは一つTeamologyを適用してみようと，学生にアンケートを受けてもらい，その結果から自分たちで話し合ってチームを構成してもらった．受講生は20人程度，5人前後のグループが四つでき上がった．チームを構成する際には，これまで同じグループだった人とはなるべく離れること，八つの心理機能をチーム全体でなるべく多くカバーできるようにと指示を出した．

図6.5に各チームの心理機能マップを示す．各メンバーのマップ上の位置は，プラス(+)で示してあり，主要機能，補助機能，そのほかの機能もすべて八つの心理機能軸上に投射して白丸(○)でプロットしてある．

これら4チームに，以下のチャレンジに挑戦してもらった．プレッシャーのあるときのチーム力をいきなり観察する目的はなかったので，競技の1週間前に出題をした．思うほど距離が伸びなかったのは，床が絨毯タイルで覆われていたからだろう．部屋の最長辺はおよそ15m，天井高さは3m弱．興味ある人は，同じ条件でチーム力を東大生チームと比べてみるのも面白いかもしれない．

競技の結果は，図6.5の各チームの心理機能マップの右側に書いたとおりである．この結果は，ワイルドのチームづくり理論の信憑性を証明するものではないが，少なくともこの実験では，この理論どおりの結果が得られた．すなわち，八つの心理機能をバランスよくカバーしているチーム3が勝った．では，ほかのチームはどうだったのだろうか．

チーム1とチーム2の判断心理機能マップはよく似ている．分析機能(Ti)が強く，しかし，社会機能(Fe)が弱い．チーム2は分析機能(Ti)のほかにも実証機能(Se)がかなり強い．筆者が観察していた感想は，チーム2はいいアイデアもいくつか出したが，十分な話し合いがなされぬまま，てんでに作業を始めてしまい，時間切れになって始動の練習もほとんどできないまま，本番で転んでしまった．

98　第6章　チームづくりの実際

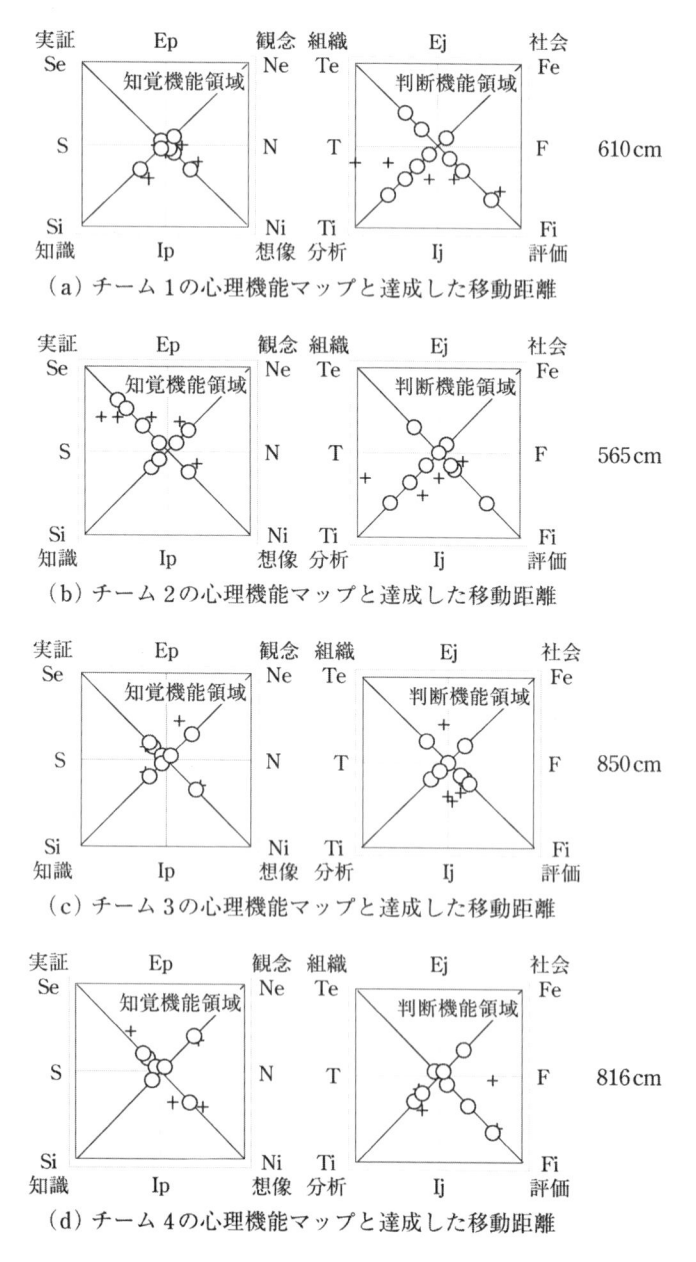

(a) チーム1の心理機能マップと達成した移動距離　610cm

(b) チーム2の心理機能マップと達成した移動距離　565cm

(c) チーム3の心理機能マップと達成した移動距離　850cm

(d) チーム4の心理機能マップと達成した移動距離　816cm

図6.5　ME Seminar で競技に参加したチームの心理機能マップと成績

> ゴール：1 時間の工作時間で水平方向に物体を移動するシステムをつくり水平距離を競う
> 材　料：
> - 590 mm×840 mm×8 mm のパネルボード 1 枚
> - 直径 5 mm，長さ 890 mm の木製丸棒 1 本
> - プラスチックケース付セロテープ 1 個 (小)
> - 直径 1 mm のタコ糸，2 m
> - 2B の鉛筆 1 本
> - カッターナイフ 1 本
>
> 拘束条件：
> - 坂道とミニカーが典型的解だが，それにとらわれる必要はない．
> - 坂道は，床から 350 mm を超えて離れてはいけない．他の部品はこの限りではない．
> - 坂道とは，最も移動した点を含む部品あるいはアセンブリと，移動の前後・途中において接する部材である．
> - 使用してよい動力は重力のみ．例えば棒の弾性エネルギーを使ってはならない．
> - システムの寸法は教室の空間に限定される．

チーム 1 は実証機能 (Se) が弱く，やはりほとんど練習をせぬままに成績不良となった．

チーム 4 の弱点は知識機能 (Si) と組織機能 (Te) であった．しかし，四

図 6.6　優勝チームの工作前の相談

つのグループの中で斬新なアイデアを出す観念機能 (**Ne**) の強いメンバーがいたためか，ずいぶん話し合って工作作業に取り掛かるのが遅れた．ほかの 3 チームはよく似た解をつくったものの，チーム 4 だけ少し違う様子の坂道をつくって期待されたが，惜しいところまでいった．

　優勝したチーム 3 は，相談を早々に切り上げ，考えた解に向かって黙々と作業を続けた後，つくり上げたシステムの品質向上に余念がなかった (**図 6.6**)．結局，でき上がったシステムは四つとも似たり寄ったりの形状だったが，一番の高品質を実現したチームが優勝した．このあたり，日本工業界の縮図を見るようだった．

参考文献

[ ]カッコ内は，インターネット上の文献アドレスで，2012 で 2012 年 6 月ごろには有効であった．これらがいつまで有効であるかは不明である．

チーム学

Teamology, The Construction and Organization of Effective Teams, Douglass J. Wilde, 2008, Springer-Verlag, London

Jung's Personality Theory Quantified, Douglass J. Wilde, 2011, Springer-Verlag, London

"The Discipline of Teams" Jon R. Katzenbach and Douglas K. Smith, Harvard Business Review. March-April, 1993

ユング

Gregory Mitchell, CARL JUNG & JUNGIAN ANALYTICAL PSYCHOLOGY, Institute of Personal Development
[http://www.trans4mind.com/mind-development/jung.html]

Carl G. Jung, Psychologische Typen, ドイツ語, 1921, Rascher Verlag, Zurich

Carl G. Jung, Psychological Types (The Collected Works of C. G. Jung, Vol. 6), 1971, Princeton University Press, Princeton, N.J., USA

C. G. ユング，人間のタイプ，高橋義孝訳，1960，日本教文社

ユング心理学の世界，樋口和彦，創元社, 1978

ユング心理学入門，河合隼雄，培風館, 1976

MBTI

The Story of Isabel Briggs Myers, Center for Applications of Personality Types (CAPT) homepage.
[http://www.capt.org/mbti-assessment/isabel-myers.htm]

Malcolm Gladwell, Personality Plus, in The New Yorker, Sept. 20, 2004
MBTI タイプ入門(第 5 版), イザベル・ブリッグス・マイヤーズ, (訳)園田由紀, 2000, 金子書房

"An assessment of some structural properties of the Jungian personality typology", Lawrence J. Stricker and John Ross, The Journal of Abnormal and Social Psychology, Vol 68(1), Jan 1964, 62-71.

"Preference Multidimensionality and the Fallacy of Type Dynamics: Part 1 (Studies 1-3)", James H. Reynierse and John B. Harker, Journal of Psychological Type, Vol. 68, Issue 10, 2008
[https://www.capt.org/JPT/article/JPT_Vol68_1008.pdf]

"Preference Multidimensionality and the Fallacy of Type Dynamics: Part 2 (Studies 4-6)", James H. Reynierse and John B. Harker, Journal of Psychological Type, Vol. 68, Issue 11, 2008
[https://www.capt.org/JPT/article/JPT_Vol68_1108.pdf]

"The Case Against Type Dynamics", James H. Reynierse, Journal of Psychological Type, Vol. 69, Issue 1, 2009
[https://www.capt.org/JPT/article/JPT_Vol69_0109.pdf]

自殺について
平成 23 年中における自殺の状況, 2012 年 3 月 9 日, 内閣府自殺対策推進室警察庁生活安全局生活安全企画課
[http://www.npa.go.jp/safetylife/seianki/H23jisatsunojokyo.pdf]

平成 23 年版 自殺対策白書(HTML)内閣府,
[http://www8.cao.go.jp/jisatsutaisaku/whitepaper/w-2011/html/index.html]

ジョゼ M. ベルトローテ, 自殺予防総合対策センターブックレット No.1 "各国の実情にあった自殺予防対策を" 自殺予防総合対策センター

心理学の歴史

Steven J. Haggbloom, et. als, "The 100 Most Eminent Psychologists of the Twentieth Century", Review of General Psychology, 2002, 6, 139-152, American Psychological Association

Apuleius, The Golden Ass, A.D. 2nd century, translated by P. G. Walsh, Oxford World's Classics, 1994, PSYKHE (as it appears in THEOI GREEK MYTHOLOGY [http://www.theoi.com/Ouranios/Psykhe.html])

History of psychology, from WIKIPEDIA, The Free Encyclopedia, version Jan.2, 2010, [http://en.wikipedia.org/wiki/History_of_psychology]

Franz Mesmer, from WIKIPEDIA, The Free Encyclopedia, version Jan.2, 2010, [http://en.wikipedia.org/wiki/Franz_Mesmer]

Sigmund Freud, 夢判断, 高橋義孝訳, 1961, 新潮社

P. A. Ornstein, S. J. Ceci, E. F. Loftus, "Adult recollections of childhood abuse: Cognitive and developmental perspectives", By Ornstein, Peter A.; Ceci, Stephen J.; Loftus, Elizabeth F., Psychology, Public Policy, and Law. Vol 4(4), Dec 1998, pp.1025-1051.

心理学全般

高木貞二編, 心理学第三版, 東京大学出版会, 1977

村上宣寛, 心理学で何がわかるか, 筑摩書房, 2009

日本精神分析学会ホームページ [http://www.jpas.jp/]

国際精神分析学会 (International Psychoanalytical Association) ホームページ [http://www.ipa.org.uk/]

索引

ア 行

アフロディーテ …………………………… 5
アルコール依存症 ………………………… 28
アンケート (E・I) ……………………… 59
アンケート (J・P) ……………………… 61
アンケート (S・N) ……………………… 69
アンケート (T・F) ……………………… 71
アントワネット …………………………… 13
イド ………………………………………… 17
内基準タイプ ………………………… 37, 38
内向・外向 ………………………………… 38
うつ病 ……………………………………… 28
ヴント ……………………………………… 15
エサレン・インスティチュート ………… 24
エディプスコンプレックス ……………… 18
エロス ………………………………………… 5

カ 行

感覚 ………………………………………… 41
感情 ………………………………………… 42
感覚タイプ …………………………… 37, 41
感情タイプ …………………………… 37, 42
カント ……………………………………… 14
観念 ………………………………………… 88
管理 ………………………………………… 87
既存チームの弱点 ………………………… 92
基本態度タイプ ……………………… 37, 38, 57
極限の状態 ………………………………… 65
ギロチン …………………………………… 11
グループ …………………………………… 1
交通事故 …………………………………… 28
硬軟態度タイプ(J・P) ………………… 60
購買力平価 ………………………………… 32
合理的な判断機能 ………………………… 37
国際精神分析学会 ………………………… 20
国際通貨基金 ……………………………… 32
国内総生産 ………………………………… 32
ゴクレニウス ……………………………… 9
心 …………………………………………… 8

サ 行

サイキ ……………………………………… 5
サイコ psycho …………………………… 9
催眠 ………………………………………… 12
催眠療法 ……………………………… 12, 16
自我 ………………………………………… 17
思考 ………………………………………… 42
思考タイプ …………………………… 37, 42
自殺 ………………………………………… 28
自殺者数 …………………………………… 28
自殺未遂者 ………………………………… 35
自殺率対経済力指数 ……………………… 32
実験心理学 ………………………………… 15
実証 ………………………………………… 88
失敗学会事務局 …………………………… 95
社会 ………………………………………… 88
集中 ………………………………………… 87
自由連想法 ………………………………… 16
16の心理タイプ (MBTI) ……………… 50
種の起源 …………………………………… 18
主要機能 ……………………………… 45, 76
職場グループ ……………………………… 1
神経症 ……………………………………… 19
心臓 ………………………………………… 8
心理 ………………………………………… 8
心理学 ……………………………………… 8
心理機能タイプ ……………………… 37, 39
心理タイプ誌 ……………………………… 51
スタープレーヤー ………………………… 95
スタンフォード大学 ……………………… 23
ストレスの原因 …………………………… 94

スピノザ ……………………………… 10
正規分布 ……………………………… 58
精神疾患 ……………………………… 28
精神疾患発症 …………………… 45, 80
正多面体 ……………………………… 63
正の影 ………………………………… 77
生理学 ………………………………… 15
ゼウス ………………………………… 6
世界保健機関 ………………………… 30
総合失調症 …………………………… 28
想像 …………………………………… 88
双対 …………………………………… 64
組織 …………………………………… 88
外基準タイプ …………………… 37, 38

タ 行

ダーウィン …………………………… 18
タイプダイナミックス ……………… 51
タイプダイナミックスの反例 ……… 51
単一基本態度タイプ …………… 57, 77
探究 …………………………………… 86
チーム学 ………………………… 58, 89
チームづくり ………………………… 85
チームの大きさ ……………………… 3
チーム力分析 ………………………… 90
知覚機能 ……………………………… 41
知覚機能タイプの特徴 ……………… 43
知覚機能タイプ (S・N) …………… 70
知覚, 判断, 行動の繰返し …… 40, 54
知識 …………………………………… 88
チューリッヒフロイト学会 ………… 20
超自我 ………………………………… 17
直感タイプ ……………………… 37, 41
直感 …………………………………… 41
強いチーム …………………………… 89
定量分析 ……………………………… 57
定量化されたユングの性向論 ……… 58
デカルト ……………………………… 9
東京大学 機械工学科 ……………… 96
独立領域への分離 …………………… 63

トラウマ ……………………………… 17

ナ 行

ナレーティブセラピー ……………… 17
日本精神分析協会 …………………… 20
人間心理のタイプ …………………… 36
人間のタイプ ………………………… 21
脳 ……………………………………… 8

ハ 行

ハーバード・ビジネス・レビュー …… 1
バイモーダル分布 …………………… 58
判断機能 ……………………………… 42
判断機能タイプの特徴 ……………… 44
判断機能タイプ (T・F) …………… 71
非合理的知覚機能 …………………… 37
評価 ……………………………… 87, 88
複合タイプ …………………………… 80
プシュケ ……………………………… 5
プラトニック変換 ……………… 63, 69
プラトンの理想 ………………… 65, 83
フランクリン ………………………… 11
フランス革命 ………………………… 13
ブリッグス …………………………… 21
ブレード ……………………………… 12
フロイト ……………………………… 15
分析 …………………………………… 88
分析心理学 …………………………… 19
ヘルムホルツ ………………………… 15
ホィートストン ……………………… 14
補償機能 ………………………… 45, 76
補助機能 ………………………… 45, 76

マ 行

マイヤーズ …………………………… 21
無意識 …………………………… 16, 20
メスメル ……………………………… 10

ヤ 行

役割分担 ……………………………… 92
八つの心理タイプ …………………… 43
八つの心理機能領域 ………………… 90

夢判断	16
ユング	19
抑圧	16
四つのスカラー量	73

ラ 行

ライニアース	51
ライプニッツ	10
ラヴォアジエ	11
リード	94
リビドー	17
ルイ16世	11
ルールベース	51
ルソー	13
ロック	10

ワ 行

ワイルド	22

英 語

Design Division	24
doublevert	57
E-型	38
Extrovert	38
Feeling	42
I-型	38
Introvert	38
iNtuition	41
Journal of Psychological Type	51
Jung's Personality Theory Quantified	58
MBTI	22, 49
N-型	41
psyche	5
psycho	9
PTSD	17
Platonic Transformation	69
Positive Shadow	77
Psychologische Typen	21, 55
S-型	41
Sensing	41
team	1
Teamology	58, 89
The Case Against Type Dynamics	51
Thinking	42

あとがき

　私がワイルド先生に初めてお会いしたのは1986年の秋，スタンフォード大学の大教室で大学院生相手に線形代数の講義をされたときのことである．後でお聞きしたところによると，大教室での数学の授業を誰も引き受けようとしないので，自分だったらできると買って出られたとのことだった．

　私は，東京大学駒場時代に線形代数を履修し終えていた．しかし，授業が難解で，基本規則を覚えてそれに数字を当てはめて回答を出す高校数学の続きのようなものだと思っていた．もちろん成績は悪かった．それが，ワイルド先生の授業に出てみると，身の周りの現象を取り上げてそれを線形代数で説明されるので，たちまち興味を持った．ワイルド先生は，工学者であるとともに，数学者，言葉の魔術師である．Teamologyという言葉を考え出されたのも氏らしくて愉快だ．

　ちなみに，スタンフォード大学では，秋(10-12月)，冬(1-3月)，春(4-6月)，夏(7-9月)の4学期制をとっている．次の冬学期には，ワイルド先生はCAD，すなわち計算機支援設計と称して幾何学を教えられた．まだ9インチの白黒2値画面だったマッキントッシュ用に開発されたPOLYFACETという自作のアプリを駆使しながら，3次元空間に形状を定義するだけではなく，幾何学的な意味，定理などを解説されていた．自身の研究室には，Microcomputer Aided Designの頭文字をとり，マサチューセッツ工科大学(MIT)の有名なCADLAB(計算機支援設計研究室)に対抗してMADLAB(マイクロ計算機支援設計研究室，頭のいかれた研究室)と命名されていた．実に楽しい先生である．

　本書でも紹介した英語，日本で言う正多面体をPlatonic Solidと呼ぶなど，英語にはロマンチックな学問用語が多い．上記のCADの授業では曲線・曲面についても教えられ，忘れられない数学用語にosculating circleがある．3次元空間の曲線の1点で，その曲線に接し，その点での曲率も同じ円のことだ．フランス語で，接吻をする円という意味なんだ

と教えられた．

　1988年に，修士課程を終えて会社に戻った私は，ワイルド先生の魅力を忘れられず，翌1989年には会社を辞し，頼み込んで弟子入りをさせていただき，研究生として採用された．元々幾何学が好きだった私は，機械工学科だったにもかかわらず，計算機支援設計の曲面設計分野で，"四角く"ないいびつな形の定義に有効なベジエ三角形を近似せずにベジエ四角形の有理型に正確に分割できることを証明して博士号を取得した．それまで，違った表現形式のため，曲面設計になかなか利用されなかったベジエ三角形を既存の曲面設計システムに取り込む道を開いたわけである．このときのマッキントッシュは SE が出荷されており，やはり白黒2値画面の9インチモニター一体型だったが，そこにデザリングなどの手法を凝らして，曲面が正確に分割される様子を映し出した．

　博士課程修了後も，ワイルド先生やその弟子たちとの交流は続き，2006年にはワイルド先生を日本に招待して御講演をいただいた．そのときのトピックが Teamology である．このときは，上海交通大学で成果が出た直後だったのを覚えている．

　こうして，2008年には1冊目の "Teamology" が出版され，私はさっそくこの内容を日本にも紹介したいとワイルド先生に申し入れた．やり方は，Teamology の内容を理解したうえで新しい書籍を執筆し，ワイルド先生に監修をお願いすることだった．作業に取り掛かったのは，2010年の1月である．

　それから完成までに2年半もかかってしまった．ワイルド先生，それに出版を約束してくださった養賢堂の三浦さんにもずいぶん御迷惑をかけた．ただ，怪我の功名か，アメリカ，中国，韓国の適用例を説明することなく，東京大学での実例を付け加えることができた．実例は，やはり身近なほうがいい．

　本書が，読者自身の理解，職場チーム向上の一助になれば幸いである．

2012年9月

飯野謙次

Postface (in English)

I first met Professor Wilde in the fall of 1986 when he taught linear algebra for graduate students in a big classroom at Stanford University. I later learned that he volunteered to teach the class because no one else wanted to teach math in a big classroom.

I, at the time, had already learned linear algebra at the University of Tokyo, however, the lectures then were hard to follow and I thought it was a continuation from high school algebra where we would memorize the formulae to plug numbers in them to reach answers. Naturally my grade was bad. Doug's class, in contrast, was quite intriguing and it explained phenomena that took place around us with linear algebra. I quickly got interested in the subject. Doug is an engineer, as well as a mathematician and a guru of words. His invention of the word "Teamology" is quite Doug-like.

Stanford adopts a quarter system and in the following winter quarter, I took his CAD class where he taught geometry. Using POLYFACET, a 3D CAD application developed by himself to run on the Macintosh with only a 9" black and white screen, Doug showed 3D shapes, geometric concepts associated with them and theorems. He named his laboratory MADLAB (Micro-computer Aided Design LABoratory, or otherwise laboratory of the mad man) to counter the famous MIT CADLAB. Quite a character he is.

Like "Platonic Solids" discussed in this book, academic terms in English are sometimes romantic. One such term that still sticks to my mind after I learned it in the above geometry class, which also taught

3D curves and surfaces, is "osculating circle." It is the term for a circle that is tangent to a 3D curve and has the same curvature with the curve at the tangent point. Doug taught us that it means a "kissing circle" in French.

After completing my Master's degree in 1988, I returned to work but after a year, not forgetting the fascination of Doug and the Design Division, I left work and reentered the graduate school to work as a research assistant and for my doctoral degree under Doug's advisory. I had the thing for geometry and although I was in the mechanical engineering department, my research covered a subject in the computer aided geometric modeling area. I proved that a basis conversion splits a Bézier triangle precisely without approximation into three Bézier rectangles in their rational forms. That was my Ph.D. thesis. The work opened roads for Bézier triangles, fit to define "unboxy" objects, to be handled with existing surface modelers. At this time, I worked on a Macintosh SE, more powerful than its predecessors but still with a 9" black and white monitor. I drew surfaces on the screen using techniques like dithering to demonstrate the precise conversion.

After I completed my doctoral degree, I continued communication with Doug and his other students. In 2006, we invited Doug to Japan to give a seminar and the topic then was Teamology. It was after he had confirmed the effect with students at Shanghai Jiao Tong University.

His first book about Teamology, with the same title, was published in 2008 and I asked Doug if I could introduce the subject to Japan. I also asked if he would supervise the work, and I started the work in

January of 2010.

I took me as long as two years and a half to finish this book. I greatly appreciate the patience by Doug and Mr. Miura at the publisher Yokendo. The delay, however, allowed me to add a new evidence of the effect of Teamology found with a seminar at the University of Tokyo. Proving examples are more effective when they are demonstrated in worlds known to the readers.

It will be my great pleasure if this book helps the readers better understand their own minds, and contributes to raising the performance of teams in the workplace.

September, 2012

Kenji Iino

― 著者略歴 ―

飯野謙次 (いいの けんじ)
1982年　東京大学 工学部 産業機械工学科 卒業
1984年　東京大学 大学院工学系研究科 修士課程修了
1984年　General Electric 原子力発電部門 入社
1992年　Stanford University 機械工学・情報工学博士号取得
1992年　Ricoh Corp. Software Research Center, Division Manager
2000年　SYDROSE LP 設立, General Partner 就任 (現職)
2002年　特定非営利活動法人 失敗学会 副会長
2009年　特定非営利活動法人 失敗学会 事務局長 兼務

JCOPY ＜(社)出版者著作権管理機構 委託出版物＞

2012
設計の科学
チームづくりの数学

著者との申し合せにより検印省略

ⓒ著作権所有

定価(本体1600円＋税)

2012年10月30日　第1版発行

著 作 者　飯　野　謙　次
発 行 者　株式会社　養　賢　堂
　　　　　代 表 者　及 川　清
印 刷 者　株式会社　三　秀　舎
　　　　　責 任 者　山岸真純

発 行 所　株式会社 養賢堂
〒113-0033 東京都文京区本郷5丁目30番15号
TEL 東京(03) 3814-0911　振替00120-7-25700
FAX 東京(03) 3812-2615
URL http://www.yokendo.co.jp/
ISBN978-4-8425-0506-0　C3053

PRINTED IN JAPAN　　製本所　株式会社三秀舎
本書の無断複写は著作権法上での例外を除き禁じられています。
複写される場合は、そのつど事前に、(社) 出版者著作権管理機構
(電話 03-3513-6969, FAX 03-3513-6979, e-mail:info@jcopy.or.jp)
の許諾を得てください。